Riad Sattouf

EL ÁRABE
DEL FUTURO

Una juventud en Oriente Medio (1978-1984)

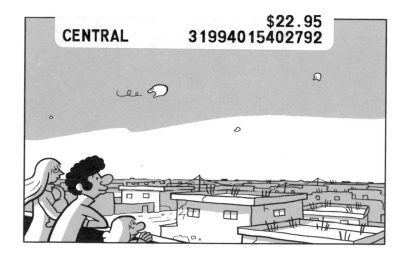

Capítulo 1

Me llamo Riad. En 1980, tenía 2 años y era un hombre perfecto.

Larga melena rubia platino, abundante y sedosa

Mirada profunda y encantadora

Reflejos dorados

Morritos de bebé

Relamido y delicado

Recién salido del cascarón

Por entonces, el mundo era una nebulosa poblada de gigantes que me admiraban.

¡Pero mira qué guapo es este crío!

¡Cucú, bebito lindo!

Todo lo que salía de mi boca despertaba asombro y alegría.

ADIÓS

Pero ¡qué cosita!

¡Uy! ¡Si me ha hablado!

Y lo bien que habla...

Todas las mujeres querían cogerme en brazos.

¿Y si te llevo conmigo?

Me gusta tú.

Completa desconocida

¡OH, PERO QUÉ PRECIOSIDAAAD!

Sólo era consciente algunas horas al día, pero con eso me bastaba: sabía de sobra cómo desenvolverme en la vida.

Era hijo único, y mis padres también me adulaban.

Clémentine, mi madre
Abdel-Razak, mi padre

Mi madre era de Bretaña y estudiaba en París. Mi padre era sirio. Venía de un pueblecito cercano a Homs.

¿Qué tal? ¿Puedo cumer con vosotras?

EH... NAH.

NAH, GRACIAS.

Una amiga de mi madre
Mi madre

Era un alumno brillante y había conseguido una beca para estudiar en la Sorbona. Se conocieron en el comedor universitario.

Mierda, nos sigue...

Ay, no, qué pesado...

Era a principios de los años 70.

Hula, me llamo Abdel-Razak, ¿y tú?

¿Yo? Yo no me llamo.

¿Ah, sí? ¡Qué bunito! ¿Es africano?

¿Y tú? ¿Cómo te llamas?

Como ella. Me llamo como ella.

¿Ah, sí?

"KOMUEYA."
Pero ¡qué bunito! ¿Es francés? Yo me...

Venga, nos abrimos.

Vale.

¿Ah, sí? ¡Ya voy!

No, espera, queremos comer tranquilas. Tú te quedas.

¿Nos vemos mañana?

¡Sí, claro! ¡A las 19 h en la plaza de la Ópera!

¡GINIAL! ¡Hasta mañana!

¡Sí, eso!

A mi madre le dio pena. Así que acudió a la cita en lugar de su amiga.

¡Un café, nada más!

¿¡!?

Mi padre hacía la tesis sobre Historia Contemporánea. Venía de una familia sunita muy pobre y adoraba Francia.

¡Francia es maravillosa! ¡Todo el mundo puede hacer lo que quiere aquí!

¡Hasta te pagan de estudiar!

Tenéis Radio Montecarlo...

Era 1971. Georges Pompidou estaba en el Elíseo.

La tesis se titulaba: "La opinión pública francesa con respecto a Inglaterra, de 1912 a 1914."

Los franceses, con las relaciones, ya no querían...

EHEH. Un momento.

Fue mi madre quien la pasó a máquina y quien hizo que fuese inteligible.

"Las relaciones quedaron interrumpidas."

TACTAC TAC
TAC
TAC
TATAC TAC

¡Eso!

TATAC TAC

Mi padre estaba obsesionado, desde siempre, con la idea de ser "doctor".

Lo mejor para ser doctor es hacerse médico... Pero es que no puedo ver sangre... ¡La cabeza se pone a girar!

Entonces, como le encantaba la política, estudió Historia.

¡Historia está bien para hacer política! ¡Así, quizá podré llegar a presidente, ji, ji!

¡Quién sabe, algún día!

¡Ji, ji!

En 1967, se había quedado traumatizado por la guerra de los Seis Días, en la que Egipto, Jordania y Siria habían sido aplastados por Israel.

¡En los árabes lo cambiaría todo! Obligaría a ellos a dejar de ser beatos, a que se formaran y entraran en el mundo moderno... Sí, sería un buen presidente.

Luego, en 1973, como todos los jóvenes sirios de su generación, transformó la derrota árabe de la guerra de Yom Kipur en una "casi victoria".

¡Durante dos días, los egipcios y los sirios avanzaron por el Sinaí y por el Golán! ¡Los israelíes estaban perdidos!

Luego hubo un alto el fuego... ¡Y fue ahí cuando los israelíes contraatacaron, los muy cobardes! ¡Casi los teníamos!

¡La próxima vez venceremos!

Sin embargo, él había estudiado en el extranjero para evitar el servicio militar sirio, que duraba varios años.

¡Los militares son unos cazurros!

¡Yo prefiero MANDAR!

1978 fue el año de mi nacimiento y el de la defensa de su tesis. Y mi padre por fin se convirtió en doctor.

¡"Aprobado"! ¡Un "aprobado" no vale para nada! ¡No me dan la mención de honor!

¡RACISTAS! ¡PAÍS DE RACISTAS!

Claro que vale...

"Aprobado"...

¡Ocho años de tesis para un "aprobado"! ¡Racistas!

Después vino una época en la que estuvo un poco deprimido.

El presidente Valéry Giscard d'Estaing y la primera dama han visitado una fábrica de Renault y...

Pfff...

Escuchaba Radio Montecarlo todo el día, y lo comentaba todo, como si él fuera un tertuliano más.

Y hoy se han firmado los acuerdos de paz en Camp David, entre Sadat, Carter y Begin...

Traidores.

Egipcios traidores.

Egipto reconoce pues a Israel y

Finalmente, solicitó varios puestos en diversas universidades europeas para vengarse de Francia.

Mira, Oxford me ofrece un puesto de profesor adjunto...

¡¡¡Oxford!!! ¡¡¡QUÉ NIVEL!!!

Radio Montecarlo, son las 16 horas y

Han hecho una falta de ortografía al escribir mi nombre en la carta...

Tras la condena por parte de la OLP de la "rendición egipcia" como consecuencia de los acuerdos de Camp David...

...los países árabes, a su vez, han rechazado por unanimidad el acuerdo de paz egipcio-israelí. La Liga Árabe estudia incluso trasladar su sede de El Cairo a la ciudad de Túnez...

¡BIEN! ¡ESO ES!

Luego, un día...

No te lo había dicho, pero ¡¡¡pedí plaza en Trípoli, en Libia!!! ¡Y me han aceptado! ¡Me ofrecen un puesto de profesor titular!

¡Mira, han puesto "Doctor Abdel-Razak Sattouf" en el sobre!

¿?

El imán Jomeini ha llegado a Francia, donde ha encontrado refugio en Neauphle-le-Château, tras haber sido expulsado de Iraq por el vicepresidente Sadam Husein...

¡Ji, ji! ¡Jomeini en Francia! ¡Se lo merecen, esos franceses!

¡Qué horror, los chiitas! ¡Sadam Husein, ése sí que hará grandes cosas!

¡Como tu papá!

¡Grr!

¡NOS VAMOS A LIBIA!

Mi padre era partidario del panarabismo y estaba obsesionado con la educación de los árabes. Pensaba que debían formarse para salir del oscurantismo religioso.

¡Mira este aeropuerto construido por árabes!

Colillas

De nuestra llegada a Trípoli, recuerdo a un tipo calvo, con verrugas por todas partes. Tenía que llevarnos a nuestra casa.

Bienvenido a nuestro Estado de las Masas Populares, doctor.

Llovía y la puerta de la casa estaba cerrada con una gruesa cadena.

¡Es gratuita, por supuesto! En nuestro Estado de las Masas Populares, las viviendas son gratuitas.

Arena mojada

El interior era amarillo, y el techo estaba lleno de goteras.

No es nada, aquí nunca llueve, se secará...

Toma. Éste es el "Pequeño libro verde". El Guía plantea en él su visión de la sociedad y la democracia.

Léelo, reléelo... Es una obra maestra.

¡Espera, hermano! ¡No me has dado las llaves!

No hay llaves. Mira, no hay cerradura.

Hay un pestillo que puedes echar desde dentro.

El Guía ha abolido la propiedad privada. En nuestro Estado de las Masas Populares, las casas son de todo el mundo.

Tu mujer sólo tendrá que echar el pestillo durante el día.

Aquí todo el mundo tiene un techo, doctor. Todo el mundo come hasta hartarse, todo el mundo trabaja...

Libia es el país más avanzado del mundo.

Pronto te darás cuenta.

Que pases un buen día, doctor.

Cuando el tipo se marchó, mi padre puso encima de la mesa su maleta de cuero falso.

CLIC

Sacó su amuleto, un toro negro de plástico...

...y lo puso encima de la tele.

Para mi padre, eso significaba que estaba en casa.

Después, paró de llover y salimos a dar una vuelta por nuestro nuevo barrio.

¡Mira, Riad! ¡Ése es Gadafi! ¡Es un gran presidente árabe!

Obras desiertas

Nadie en la calle ➞

Mi padre nos llevó a ver la universidad, que estaba al lado. También era amarilla. Parecía nueva, pero las grietas recorrían toda la fachada.

De pronto, vio algo y se puso a correr hacia los árboles. Parecía muy feliz.

CRAC

Cayeron un montón de frutos negros, pequeños y peludos. Eran moras.

En Siria, en mi pueblo, a esto lo llamamos "tuts".

Mi padre se comió unas diez de golpe. Como nunca cerraba la boca al masticar, podía ver en su lengua el puré de fruta.

Después, volvió a lanzar un palo al árbol...

...y nos dio a probar.

Ji, ji, ji

¡Llevaba quince años sin verlas!

Cuando volvimos a casa, nuestras maletas estaban muy bien colocadas delante de la puerta.

¡Parece que el pestillo está echado!

PUM PUM

Hola, hermano, ¿qué quieres?

Hola, hermano, ¿qué estás haciendo en mi casa?

Pero, hermano, ¡si estoy en mi casa! Estaba vacía... El Guía ha concedido a todos los ciudadanos el derecho a habitar las casas desocupadas, lo sabes de sobra.

¡Soy doctor en la universidad! ¡Voy a ir a la policía!

No te molestes, yo soy policía...

Venga, hermano, empuja algunas puertas, que encontrarás casa.

¡Adiós, pequeñina!

Cuando mi padre se sentía humillado, siempre miraba a lo lejos con una sonrisita y se rascaba la nariz mientras se sorbía los mocos.

¿Qué vamos a hacer?

Sniiif
Sniiif
Sniiif

En aquella época, a mí todavía me costaba mucho distinguir entre sueño y realidad, sobre todo por la noche.

Por ejemplo, caminaba por pasillos sin techo, iluminados con velas...

...cuando, de pronto, aparecía un toro impresionante.

Me ponía a gritar, pero de mi boca no salía ningún sonido. Cuando me daba la vuelta para huir, un segundo toro estaba detrás y me bloqueaba.

Los dos animales me embestían con todas sus fuerzas...

...pero una mano gigante me cogía y me salvaba en el último momento.

Era la mano de mi padre.

Volvía a meterme en la cama...

...y él seguía viendo la televisión.

¡Dios es el más grande! ♪ ¡Dios es el más grande! ♪ Está por encima de las conjuras de los agresores ♪ y es el mejor aliado de los oprimidos ♪

Mi padre había encontrado un apartamento muy pequeño en un barrio para expatriados casi desierto.

♪ ¡Con la fe y las armas, ♪ defenderé mi país! ♪ Y la luz de la verdad ♪ brillará en mi mano ♪

Dormíamos todos en la misma habitación.

¡Cantad conmigo! ♪ ¡Cantad conmigo! ♪ ¡Dios es el más grande! ♪ ¡Dios es el más grande! ♪

Gadafi salía en la televisión todo el tiempo.

¡Oh, mundo, levanta los ojos y escucha! ♪ ♪ ¡El ejército del enemigo está en camino, deseando destruirme! ♪

Yo creía que se me parecía.

¡Con la verdad ♪ y con mi pistola, ♪ lo rechazaré! ♪

Igual que a mí, había muchísima gente que lo contemplaba y le sonreía todo el tiempo.

¡Cantad conmigo! ♪ ¡Cantad conmigo! ♪ ¡Dios es el más grande!

A mí me gustaba mucho mirarlo.

¡Dios está por encima de cualquier agresor ♪ y si van a matarme, yo los mataré conmigo! ♪

Mis padres se dormían delante del televisor... ¡Yo no!

¡Eh!
¡Eh!

Entonces, como un robot, mi padre se ponía a hablar.

Zzz... Érase una... una vez... zzz...

Érase una vez un cachorrito de zorro...

...que vivía con su familia de zorros. Tenía muchísimos hermanos y hermanas, y él era el pequeño... zzz...

¿Y qué más?

...Vivían en un agujero sin luz, y todos tenían mucha hambre...

Grrr Grr Grrr Grr

Zzzzzzzzzz

¿Y qué más?
¿Y qué más?

...Entonces, salían a cazar gallinetas... Pero no había... Entonces se iban más lejos... Y se olvidaban del cachorrito de zorro, que se quedaba solito...

Grr

...y tenía tanta hambre... zzz... que se dormía... zzz.

¿Y qué más?
¿Y qué más?
¿Y qué más?

Como si tal cosa, retomaba la historia desde el principio y la repetía sin fin.

El "Libro verde", de Muamar el Gadafi, era un librito que detallaba el pensamiento del Guía Supremo sobre todos los temas.

"La casa es de quien vive en ella", dice Gadafi...

Pues mejor no salimos de ésta.

En 1969, Gadafi había derrocado al rey Idris I mediante un golpe de Estado, casi sin violencia.

"La asamblea popular es una representación engañosa del pueblo. La simple existencia de los parlamentos implica la ausencia del pueblo..."

"De modo que no es razonable que la democracia sea privativa de un pequeño grupo de diputados que deban actuar en nombre de las masas. El poder debe ser enteramente del pueblo..."

¡Qué listo!

Inteligente, querrás decir.

Al principio, los occidentales lo apreciaban mucho. No había tocado sus intereses.

Ah... Veamos lo que dice sobre las mujeres...

Además, había nacionalizado las empresas petroleras, doblado los salarios, transformado los palacios en escuelas e impuesto el árabe como lengua universitaria.

"La mujer, como el hombre, es un ser humano. En esto no hay ninguna duda..."

¡Gracias, Gadafi!

Había cerrado todos los bares, discotecas, cafés y restaurantes, considerados a partir de entonces lugares de perversión.

"Según los ginecólogos, las mujeres, a diferencia de los hombres, tienen la regla todos los meses."

Al parecer, era muy creyente. Se suponía que vivía en una tienda y que bebía leche de camella todas las mañanas.

"La mujer es afectuosa, bella, emotiva y temerosa. En resumen, la mujer es dulce y el hombre brutal."

¿De verdad dice eso?

Gadafi y mi padre compartían la admiración por Gamal Abdel Naser y su idea del panarabismo progresista. Gadafi había recuperado el concepto a su manera.

"Si una comunidad tiene por costumbre llevar el blanco como signo de duelo, y otra lleva el negro, aquí se detestará el negro, y viceversa."

Había tratado de crear una federación árabe con Egipto y Siria.

"Dichos sentimientos tienen una influencia física en las células y los genes. Al heredar sentimientos de los ancestros, sus sucesores detestarán espontáneamente el color que aquéllos detestaban."

Pero no se había entendido con el dictador sirio, Hafez el Asad, que no era sunita...

"Hay que añadir la fatalidad cíclica de la historia de las sociedades."

¡Bien visto!

...ni con Sadat, el egipcio, que había preferido hacer la paz con Israel.

"Así, la raza amarilla ha dominado el mundo al esparcirse por todos los continentes."

¡Cierto!

Desde aquel fracaso, trataba de crear una federación africana.

"Después fue la raza blanca la que invadió, ella también, todos los continentes en una vasta empresa colonialista."

¡Ésa eres tú!

¡Ja, ja!

"Ahora llega la supremacía de la raza negra."

¿Considera que los árabes son negros?

¡Menuda chorrada!

Durante el día, mi padre estaba en la universidad. Y mi madre y yo cuidábamos del apartamento.

A mí me dejaban jugar en el pasillo.

Había hecho dos amigos.

Adnan, un yemení con pinta de dormido

Abani, una india que olía muy raro

Tenían en común el hecho de estar totalmente fascinados por mí.

Mi melena rubia, en particular, tenía hipnotizada a la india, que se pasaba las horas tocándola.

¿Eres americano? Los americanos tienen el pelo rubio. ¡Estoy seguro, eres americano!

Cuando yo le decía algo a Abani, ella se alejaba...

¿Quieres...?

...y se echaba a reír.

20

Siempre llegaba un momento en que Adnan trepaba a un sitio peligroso.

Nos miraba aburrido...

Después se ponía a cantar el himno libio.

♫♪ ¡Oh, mundo, levanta los ojos y escucha! ¡El ejército del enemigo está en camino, deseando destruirme! ¡Con la verdad y con mi pistola, lo rechazaré! ♫♪

Nosotros cantábamos con él con todas nuestras fuerzas

♫♪ ¡Dios está por encima de cualquier agresor! ¡Y si ♫♪ tuviera que matarlo, lo mataría con mi arma! ¡Cantad conmigo! ¡Malditos sean los imperialistas!

Al cabo de un momento, su madre venía a buscarlo.

Hnnn...

Poco después, llegaba el turno de la madre de Abani, que también venía a buscar a su hija.

¡Pagana magané baligala!

Olor a incienso y a estiércol

Abani se echaba a llorar, y las dos se iban sin tocarse.

¡Tagabagani! ¡Nagalopo hagani! ¡Nogalani!

Buaaaaaa

¿?

Y al rato, era mi padre quien volvía del trabajo.

Íbamos a buscar la comida a una cooperativa. Teníamos que hacer cola. Había un día reservado para los hombres y otro para las mujeres, para evitar los contactos "impúdicos" en las aglomeraciones.

Cada multitud desprendía un olor particular. Las mujeres olían a polvo y a sudor.

¡Camina, capullo!

¡Cabrón!

¡Espabila, capullo!

¡Capullo!

¡Camina, idiota!

¡Aparta!

¿Quieres darte prisa, guarra?

Los hombres olían muy fuerte a orina y a sudor.

Eeeh

¡Cabrón!

Sudaban la gota gorda.

GRAT GRAT

¡Eh! ¡A la cola!

¡CIERRA EL PICO, HIJO DE PERRA!

¿VES ESTO?

SNiiiF

SNiiiF

Al cabo de una hora, llegábamos al mostrador y entregábamos los cupones.

—Toma, aquí hay pan, 18 huevos y 3 cajas de Tang.*

* Zumo de naranja en polvo.

—¿Va a recibir otra cosa aparte de huevos? Hace dos semanas que no hay más que huevos... El chaval no puede comer sólo huevos...

—¡Pues dale Tang o dile a tu mujer que le dé de mamar!

—¡LÁRGATE

—Pero tú...

—¡VAAAA, LÁRGATE, HIJO DE PERRA!

—UFF

—¡MUÉVETE, CABRÓN!

En el camino de vuelta, nos parábamos a ver si había "tuts".

Mi padre no soportaba llevar zapatos.

—¡Cuando yo tenía tu edad, caminaba descalzo!

—¿Quieres probar? ¡Es bueno para los pies!

Ambos teníamos dos dedos de los pies pegados en una falange

—¿?

23

Éstos son algunos ejemplos de menús que ofrecía el Estado de las Masas Populares Árabes Libias.

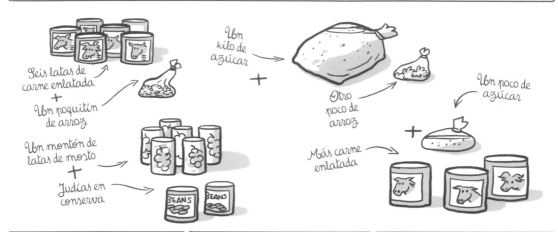

Seis latas de carne enlatada
+
Un poquitín de arroz

Un montón de latas de mosto
+
Judías en conserva

Un kilo de azúcar
+
Otro poco de arroz

Más carne enlatada

Un poco de azúcar

Hubo una época en la que había plátanos a discreción.

Mi madre había adelgazado

Más plátanos...

¡BIEEEN!

Estaban, o bien verdes y duros...

Por lo menos come...

Buenísimos

...o bien negros y blandos.

El sabor me hipnotizaba

¡EEEH!

¡IDIOTA!

EEEH ESPABILAAA

Ay, no, otra vez plátanos...

Eh... ONLY BANANA?

¡Al Guía le encantan los plátanos, hermana! Dice que es la fruta del pueblo.

¡HH! ¡HH!

Pasaban las semanas y mi padre se quejaba del nivel mediocre de los estudiantes. Les corregía los ejercicios mientras escuchaba Radio Montecarlo.

Así, Sadam Husein, el presidente iraquí, ha lanzado esta mañana un ataque sorpresa contra Irán. ¿Es un contratiempo o el inicio de un conflicto de gran envergadura?

¡MUY BIEN! ¡Eso es valentía política!

¡AH! ¡LA GUERRA!

La movilización iraní será excepcional, pues los voluntarios se alistan a miles...

¡Sadam Husein es un visionario! ¡Es valiente! ¡Va a derrotar a los iraníes muy rápido!

¡Hay que aniquilar la república islámica!

Hay que detener a los chiitas... o, si no, destruirán el mundo...

¿Y si ponemos música, mejor?

Mi madre tenía algunas cintas de música; entre ellas, una de Georges Brassens.

Si por azar, en el puente del ♫ Mar, se cruza el viento traicionero, pon atención a tu sombrero.*

Qué malo es este cantante...

A tu hijo le encanta, mira.

Es éste, es Georges Brassens...

Si por azar ♫ en el puente del Mar, se cruza el vien to picarón

Es muy famoso...

a tu falda pon atención

...es todo un dios en Francia.

Mujeeer... no hay que decir esas cosas... Que es un dios... Dios no puede ser un hombre... Dios es Dios...

Esto es nuevo, yo creía que no eras creyente...

Síííí, pero bueno, hay que respetar a Dios... Yo soy liberal, pero tampoco hay que decir que un hombre es Dios...

¡VALE! Lo que tú digas.

¡Georges Brassens no es Dios!

Yo no entendía aquella palabra. Pero desde aquel día, cuando oigo "Dios", veo la cabeza de Georges Brassens.

Dios... Dios es...

Es sagrado...

No es ninguna broma...

* Versión de Antonio Selfa, "El viento", en el álbum *Cita con Brassens*. (N. del t.)

Adnan también estaba fascinado por la abundancia de plátanos.

Los plátanos son lo mejor del mundo.

¡Sí, es verdad!

♫ LA LILA LI ♫

Y a ti, Abani, ¿también te gustan los plátanos?

♫ LA LALI LALA ♫

UY

♫ LA LA LI LA LA ♫

GRRR

Abani nunca contestaba a Adnan. De hecho, tampoco lo miraba realmente.

¡Los plátanos están buenos!

Sí, son lo mejor del mundo.

Yo creo que en el paraíso hay muchos plátanos.

¿Qué es el paraíso?

Es un lugar genial al que vamos cuando morimos. Allí la vida es más bonita que aquí.

Es el lugar donde vive Dios. Los plátanos están tan buenos que Dios debe de comerlos todo el tiempo.

El paraíso es un jardín donde siempre es de día.

Dios está sentado en una silla grande en medio de un jardín, y la gente tiene que mirarlo mientras come plátanos.

Y también nosotros, cuando estemos en el paraíso, tendremos que mirarlo.

Él nos sonreirá y nos dará todos los plátanos que queramos. Nunca nos dirá: "No, ya basta, has comido demasiados plátanos."

Y antes de que hayamos terminado de comérnoslos, ¡Dios ya nos dará más!

¡¡¡Tomaad!!!

Gadafi quería educar a la juventud.

¡PAPÁ!

Había abierto una convocatoria pública para los universitarios arabófonos que vivían en el extranjero.

Bueno, ¿qué tal por aquí?

Les ofrecía que vinieran a Libia a enseñar y les pagaba en dólares americanos.

¡Qué guapo es este niño!

¡Con su melena dorada!

El sueldo de mi padre era de 3.000 $ al mes: un sueldo excelente.

Venga, vamos, Adnan...

En aquella época, yo no entendía gran cosa. Pero estaba seguro de algo: mi padre era fantástico.

¡Mira! ¡Soy como McEnroe!

Cuando jugaba al tenis contra la pared del edificio, a veces conseguía que la bola lo pasara por encima.

¡MMPPF! ¡Hijo de perra!

CRAC

Cuando lo intentaba yo, la bola ni siquiera llegaba a la pared.

MPF

Él, incluso sin raqueta, enviaba la bola al tejado.

Era capaz de auparme con una sola mano, como si no pesara nada.

¡Venga! ¡Vamos a buscar las bolas!

Reconocía los pájaros por su vuelo.

¡Mira, patos! ¡Ah...! Si tuviera una escopeta, nos daríamos un banquete.

¡Mira, cigüeñas! ¡Si tuviera una escopeta...!

¡Estoy seguro de que están muy buenas!

Comer animales lo obsesionaba.

¿Alguna vez has visto un nido?

No. ¿Qué es?

Es la casa de los pájaros.

Olor a naranja

Mi padre había instalado una cerradura en la puerta del apartamento. Estaba prohibido, pero él había corrido el riesgo para que pudiéramos salir a pasear juntos.

¡AQUÍ! ¡AQUÍ HAY UNO!

¡HAY UN NIDO! ¡HAY UN NIDO!

No grites, te oímos...

¡Ahora verás! ¡Es increíble!

¡Estaba muy escondido, pero lo he encontrado!

¡Mira, hay un huevo!

¡Cógelo!

¿Qué es?

Bueno, un huevo es el bebé de los pájaros.

Es como tú, tú eres nuestro huevo.

¿Y dónde están el papá y la mamá del huevo?

No están, habrán salido a hacer la compra...

Voy a poner aquí el nido vacío, así.

Y nos llevamos el huevo, para comérnoslo. ¡A lo mejor es un huevo de codorniz!

Cuando le pedía a mi padre que me hiciera un dibujo, siempre hacía el mismo.

Atención, voy a dibujarte el mejor coche del mundo: UN MERCEDES.

Mgnmfssmgn...

Empezaba a mascullar cosas

Algún día tendré un Mercedes...

CRR

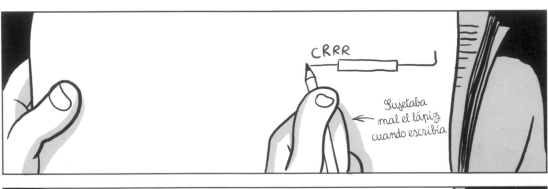

CRRR

Sujetaba mal el lápiz cuando escribía

CRRRRR

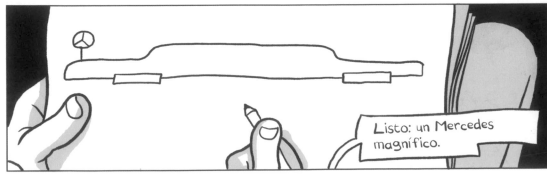

Listo: un Mercedes magnífico.

Dibujaba las ruedas rectangulares, y eso me volvía loco. Su coche no podía avanzar. Y yo intentaba explicárselo.

¡Yo también he hecho un Mercedes! ¡Mira!

Vamos a ver.

Mmmueno...

En realidad no es así... Dibújalo como yo...

Pero itus ruedas son planas! ¡Tu coche no puede moverse!

Que síí... En los Mercedes son así...

Lo sé perfectamente: es mi coche favorito...

Sniiif...

¡Ja, ja! Quiere enseñarme a mí cómo se dibuja un Mercedes...

Anda, ve a practicar...

¡PSSST!

¿Y éste?

Mmm...

¡AJÁ! ¡ESO ES!

¡ESTO SÍ ES UN MERCEDES QUE VALE POR LO MENOS 50.000 DÓLARES!

¡BRAVO!

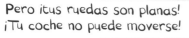
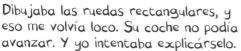

Las semanas pasaban lentamente para mi madre. Como se aburría, mi padre había acabado encontrándole un trabajito.

¡Hasta ahora! ¡Estaremos escuchándote!

Dos veces por semana, era locutora en Radio Ramsin, una emisora libia. Presentaba el informativo en francés. Un agente del régimen le daba un texto y ella tenía que leerlo.

La esperábamos en el coche, en el parking de la Casa de la Radio.

♪♪ Buenas tardes a todos, son las 19 horas, y éste es el informativo francófono de Radio Ramsin...

¿La reconoces? ¡Es mamá!

¿?

Hoy, el coronel Gadafi ha declarado que las provocaciones de los perros occidentales no quedarán sin respuesta. "Nuestra reacción contra los conspiradores extranjeros no tendrá piedad", ha precisado.

Dirigiéndose a Francia en particular, ha declarado que el ejército libio está dispuesto a invadir en cualquier momento a "la puta de América" y a hacer que devuelvan lo robado.

¡Así se habla!

Una vez llevada a cabo esta acción, el Guía del Estado de las Masas Populares Árabes Libias ha afirmado que no dudaría en atravesar el océano Atlántico para invadir América y matar al hijo de perra de Reagan, que... que... Discúlpenme...

Que... pffffrt... que... perdónnpffff... ¡Ji, ji, ji, ji! ¡Jiiiiiiii!

¡JA, JA, JA, JA! ¡JA, JA, JA, JA!

Tras aquel ataque de risa en directo, a mi madre la llamó el director de la radio.

Quería saber si mi madre se había reído de las palabras del Guía. Aquello era muy grave.

> ¿Y bien? ¿Le hacen gracia las amenazas de guerra?

Señor, mi mujer no habla árabe, yo responderé por ella.

> Ésta es la razón de su ataque de risa: el folio en el que han mecanografiado el texto está grapado al revés. A ella le ha sorprendido y entonces ha empezado a reír nerviosamente.

Es una mujer... Es un poco histérica... Ja, ja...

> ¡AJAAA! Déjeme ver...

Le presento su dimisión.

> MM... MM...

¿Y estarías de acuerdo en que tu mujer saliera en la tele? Presenta bien y es alegre...

> Eh... No... No, ni hablar... Pero ¡muchas gracias!

> ¿Qué dice?

Quiero que a partir de ahora mi mujer se quede en casa... Y que se ocupe de mi hijo...

> Yo... Yo soy doctor en la universidad...

> MM... MM...

Es una pena... Al Guía le gusta ver francesas...

> Yo... Yo trabajo para el Estado de las Masas Populares...

Lo siento mucho. ¡Lo que tenía que leer era una estupidez tan grande que, cuando he visto que no podía pasar la página, he estallado!

> Tranquila, de todas formas no compensaba.

Un día, fuimos al aeropuerto. Mi padre se había puesto el traje.

¡EY!

?

¡PUM!

¡AYYYYY! ¡AYYYYY!

¡Mira! ¡Es mi mamá! ¡Es la mamá de papá!

¡Y él es mi hermano!

Olían muchísimo a sudor, pero a mí me pareció agradable.

MUA MUA

No entendía nada de lo que decían.

¿Qué dice?

Bich beh el bent!

Nada, que es muy guapo y que parece una chica con ese pelo tan largo.

Lé lé lé

Mi tío se llamaba Mohamed, pero había que llamarlo Hadj Mohamed. Eso significaba que había hecho su peregrinación a La Meca.

Mi hermano dice que es el primer Sattouf que tiene el pelo rubio.

MMM

Chaaharo asfar

Era muy dulce y amable. Era el hermano mayor de mi padre y tenía mucho carisma.

¡AyAAAA! ¡AyAAA!

Hacía 15 años que no se veían.

Ti ti ti ti

GJGJ PCH!

Cuando llegamos a casa, se instalaron en la habitación de mis padres.

He puesto la cama contra la pared: tu abuela y tu tío están acostumbrados a dormir en el suelo...

Después se pusieron a rezar. Yo no sabía qué era aquello. Mi padre empezó a corregir ejercicios.

Mi tío mascullaba cosas y me miraba de reojo.

Lo que hacía parecía muy importante.

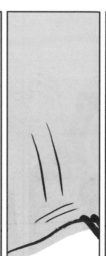

Mi padre estaba un poco incómodo.

Estaba muy feliz por ver a su madre otra vez. Volvía a ser un niño pequeño.

¡Es mi mamá! ¡Es mi mamáááá!

¡Mi mamá, mi mamiiiii!

Ahé! Ahé!

¡Mira, le beso los pies!

¡Mua, mua!

Ahé! Ahé!

Ahé! Ahé! Ahé! Ahé!

Hada zghiri!!!

Mi tío parecía molesto con mi madre.

Something to drink?

MMM... MMM...

¿Qué le pasa?

Ja, ja... No sabe inglés... y piensa que un hombre no debe hablar a otra mujer que no sea la suya...

Eso lo incomoda...

Venga, pásame el vaso de agua, yo se lo doy...

No está acostumbrado a ver así el pelo largo de una extranjera...

Mi abuela siempre sonreía. Tenía unos ojos diminutos y penetrantes, y muy claros.

Sólo le gustaba estar en el suelo

Lo escrutaba todo con mucha atención.

En cuanto se sentía observada, miraba al vacío.

Durante el día no hacían nada. Sólo esperaban a que volviera mi padre.

El edificio se llenaba.

¡Está ocupado!

Veíamos "La casa de la pradera" en la tele. Yo no entendía nada de nada.

Y mi tío tampoco. Apartaba la mirada de la pantalla. Miraba a otra parte...

...y se ponía a mascullar. Parecía preocupado.

Por la noche, mi padre discutía con ellos en árabe. No era el mismo árabe que se hablaba en Libia. Yo no entendía ni una palabra.

Después, acostaba a su madre. Había comprado muchas mantas, que apilaba encima de ella.

Una tarde, fuimos a visitar *Leptis Magna*. Las ruinas de esta ciudad romana se encontraban a 120 kilómetros de Trípoli.

El lugar estaba completamente abandonado.

Hace muchísimo tiempo, aquí vivía un montón de gente... ¡Se creían los más fuertes del mundo!

¡Y ahora, mira, es todo ruinas!

¡Ja, ja!

Mi tío y mi abuela no estaban muy tranquilos. Sonreían más de la cuenta.

No nos quedaremos mucho rato... Hadj Mohamed nunca había visto el mar tan de cerca. No le gusta demasiado.

Pero haz como si no te hubiera dicho nada, no lo mires.

Mi tío trataba de mantener la compostura.

Comprobaba que no estábamos mirándolo...

...y se las arreglaba para darle siempre la espalda al mar.

Unas semanas más tarde... Mi tío y mi abuela habían vuelto a Siria. Abani había desaparecido, y yo ya sólo jugaba con Adnan.

Mira, es una pistola. Es de verdad. ¿Estás listo?

Pistola de petardos

Yo nunca había visto nada tan hermoso como aquella cosa alargada y amenazante.

BANG

¡De la punta salió una llamita! Los oídos me zumbaban. Un olor agradable hacía que me picara la nariz.

Ven, vamos a disparar a alguien.

Habría que encontrar un niño al que matar, sería más práctico.

Caminamos un buen rato, pero no nos cruzamos con nadie. Entonces cambiamos de piso.

Luego él se puso la pistola cerca de la oreja.

BANG

¡¡¡¡iiiiiiii!!!
¡SÓLO OIGO:
iiiiiii!
JA, JA, JA, JA, JA

¡Dios es el más grande! ¡Está por encima de las conjuras de los agresores y es el mejor aliado de los oprimidos! ♪ ♪

¡Con la fe y las armas, defenderé mi país! ♪ ¡Y la luz de la verdad brillará en mi mano! ♪

¡ADNAN!

Inmediatamente, pedí a mis padres una pistola.

Es normal que tu madre no quiera... Es una mujer. A todos los chicos les gustan las armas... Yo te regalaré una pronto.

La televisión libia emitía "Spectreman", una serie japonesa. Spectreman era un robot que defendía la Tierra contra los ataques del doctor Gori.

Spectreman, El platillo del doctor →

El doctor Gori era un hombre mono que utilizaba la contaminación humana para crear monstruos.

← El doctor Gori y su gorila

¡JA, JA! ¡Así que a Spectreman siguen atacándolo los negratas!

¡Eso es racista, no lo digas delante de él!

Bahhh... Veeenga...

¿Qué son los negratas?

Son los africanos... Son todos negros, con los labios gruesos y el pelo rizado...

?!

Se parecen a los malos de "Spectreman", ji, ji...

Te recuerdo que el doctor Gori es doctor, como tú...

¡Jua, jua!

¡Mamá adora a los negratas! Cuando éramos jóvenes, un día estábamos en una discoteca, tu madre estaba sentada en mis rodillas... ¡y entonces llega un negro que parecía un orangután y la invita a bailar!

¿Te das cuenta? ¡Si se hubiera ido a bailar con él, yo la habría dejado inmediatamente, y tú nunca habrías nacido!

Menos mal que le dijo que no...

Pero tu madre tiene razón. Hay algunos que son majos.

Y brillantes.

COMO BOKASSA PFFFFJi Ji Ji Ji Ji

Bokassa es un dictador africano que era un gran amigo de Giscard, el presidente de tu madre...

Metía en la cárcel a sus opositores, luego los mataba y los asaba. Después se los comía... ¡Ja, ja...!

¡El presidente caníbal, pffffjijiji!

No, ahora en serio, no hay que decir "negrata", menos aún en Francia. Porque pronto no habrá otra cosa por allí... ¡Os está bien empleado, racistas franceses!

Pues fue a mi amiga antillana a quien quisiste ligarte antes que a mí...

¡Eso era una maniobra política!

A veces, el gorila del doctor Gori hacía cosas de incógnito en la Tierra.

Se vestía de humano, con ropa varonil y elegante.

Cuando hacía eso, yo no podía evitar pensar...

...que se parecía mucho a mi padre.

¿Qué pasa?

Unos meses más tarde, fue mi abuela materna la que vino a visitarnos.

¿Te acuerdas de mí? ¡Eras muy pequeño! ¡Yo soy la mamá de tu mamá!

Su rostro era más expresivo que el de mi abuela siria.

¿Te acuerdas de "Travieso", el gato? Lo atropelló un coche...

¿¡!?

Olía a perfume.

¡Me pregunto a quién habrás salido para ser tan guapo!

Aun así, yo prefería el olor a sudor.

Ésa no debe de pasar frío...

Entonces, ¿estáis contentos con Mitterrand en Francia? ¡Lo próximo son los rojos, ja, ja!

Bah, yo siempre he votado a los sociatas...

Pfff... Los sociatas son unos débiles... ¡Con ese Badinter, que suprime la pena de muerte!

¿Estás a favor de la pena de muerte?

No, sólo digo que a veces es necesario ejecutar a gente peligrosa antes de que ellos te ejecuten a ti... En política no hay que poner demasiado sentimiento...

¿Sabes cómo ejecutaban a la gente en Francia? ¡Les cortaban la cabeza con una guillotina!

¡Mira a la carretera!

Y el último al que ejecutaron, ¿sabes quién era? Un árabe. ¡Ja, ja! ¡Condenados franceses!

¡Oye! ¡Pues sí que es guapo Gadafi!

Mi abuela acababa de divorciarse de mi abuelo. Parecía triste. Pero, como todo el mundo, me adoraba.

¿Qué dibujas?

Un muñeco.

¡!

Pero... Eso no es un muñeco, es... ¡Es Pompidou!

¡HAS DIBUJADO A POMPIDOU!

¡Habéis visto el dibujo? ¡Increíble!

¡EL PRESIDENTE POMPIDOU!

Es un genio.

¡Aaah!

¿Acaso sabes lo que has dibujado? ¡Contesta!

Yo no sabía quién era Pompidou, pero al parecer aquella palabra los impresionaba mucho.

¡He dibujado a POMPIDOU!

...

¡Vaya! ¿Has visto lo bien que le ha hecho el careto?

45

Mi madre estaba contenta de ver a su madre.

Abdel-Razak va a buscar trabajo en Francia.

¡Aaah! ¡Qué buena noticia!

¡No sabes lo que nos aburrimos aquí!

Le pagan bien, pero...

Contra el aburrimiento, te he traído un año de "Paris Match".

Mi padre estaba un poco raro. Iba todo el día en traje.

¿Vas a buscar trabajo en París?

Sí, sí...

Dejaba que mi madre y mi abuela hablaran en el sofá, y él veía la tele, sentado en una silla.

Parecía tener una conversación interior con alguien.

¿Puedo jugar con tu toro?

¡Sí, claro!

De hecho, estaba muy preocupado. Había conseguido hablar por teléfono con su hermano, en Siria.

Ten mucho cuidado de no romperlo...

Éste le había dicho que el ejército sirio acababa de destruir la ciudad de Hama, que estaba situada a 40 kilómetros del pueblo de la familia.

...lo compré cuando llegué a Francia...

Se había producido un levantamiento sunita, y habían asesinado a 15.000 personas. Radio Montecarlo no decía nada al respecto.

...es mi toro de la suerte.

En la tele explicaban que Gadafi había promulgado nuevas leyes que obligaban a la gente a intercambiar sus trabajos.

El profesor debía hacerse campesino, y el campesino profesor. Mi padre tenía miedo. Hablaba de dejar Libia antes de lo previsto.

¿Te gustaría tener un hermanito que jugara contigo?

¿Eh?

Papá y mamá van a tener otro bebé, ¡como tú! ¡Podrás jugar con él!

¡No, gracias!

¡Claro que sí, te va a encantar! Jugarás con él al fútbol...

A lo mejor es una niña...

¡Ah, no, eso ni en broma! ¡Una niña no!

Yo no entendía muy bien qué significaba todo aquello y decidí hacer como si nada.

Lo que sentía era que estaba creciendo: me fijaba en cosas nuevas.

Por ejemplo, las obras que se veían desde nuestra ventana ya llevaban casi dos años abandonadas.

Y una mañana de 1982...

Ahora mismo os llevo al avión. ¿Quieres venir con papá a comer "tuts" por última vez?

¡CRAC!

Mmpf

¡Venga, diles adiós a las "tuts"! ¡Adiós, pared de tenis!

¡Adiós, Libia!

¿?

¡Adiós, coronel Gadafi!

Capítulo 2

Llegamos a Francia en plena noche. Mi padre se quedaba en Libia unas semanas más.

¿Lo ayudas tú a montar el juguetito? ¿Quieres que lo haga yo?

No, no te preocupes...

¡Qué mono es!

El aire de Francia no olía igual que el de Libia. Me irritaba la nariz.

Un hombre muy sonriente vino a buscarnos al aeropuerto. Era mi abuelo.

Yo no tenía ningún recuerdo de él.

¡Uy, pero qué fuerte está este chico!

Su olor era ácido. Hablaba de mujeres todo el tiempo.

¿Te has dado cuenta de cómo te miran las chicas?

¡Hay que aprovechar! ¡Mira, échale una sonrisa a esa preciosidad de ahí!

Ji, ji

¡Oooh! ¡Cucúúú!

¡Je, je! Se parece a mí, ¿no cree?

¡No sé, pero se lo robaría encantada!

¡Ja, pues no puedo dárselo, pero yo estoy libre!

Mi abuelo trabajaba en France Télécom. Y siempre estaba de viaje.

¿Tienes un Mercedes?

¡Pues, sí! ¡Hace falta un motor potente para tirar de mi caravana!

Todo parecía más rico y vivo en Francia. El rostro de la gente era muy expresivo.

¡Ay, si yo tuviera tu edad, aprovecharía para toquetear a las chicas!

Papá, no te pases, sólo tiene cuatro años...

¡No hay edad para empezar! ¡No querrás que nos salga marica!

¿Y qué? ¿Qué me cuentas?

No estaré asustándote, espero.

¡Uuh, fíjate en aquélla! ¡Ésas sólo se ven en la capital!

!?!

¡Toma, mira las fotos de la casa tan rara del abuelo, en vez de escuchar sus tonterías!

¡Por delante y por detrás, nada que objetar!

¿Has visto qué bien vivo? ¡Voy a donde quiero y me llevo la casa en mis viajes!

¿Quién saca las fotos?

Pues yo, ¿quién quieres que las saque? Mi cámara tiene disparador automático, ¡va estupendamente! Lo hago todo yo solo. Así tengo recuerdos.

Al día siguiente, mi abuelo nos dejó en el tren rumbo al cabo Fréhel, en Bretaña...

LONDRES
Inglaterra

CABO FRÉHEL
PARÍS

RENNES

Océano Atlántico

Francia

BURDEOS

España

...donde vivía mi abuela.

Era una vieja casa de pescadores...

...con un jardín detrás.

Mi abuela vivía sola, se aburría mucho. Se pasaba el día viendo la tele.

Oye, pues es muy elegante lady Di...

Sí, tiene una casa preciosa, ¿has visto?

Aquélla parecía una casa encantada

En el primer piso había dos fotos grandes bien enmarcadas.

Son mi abuela y mi abuelo.

La abuelita, ¡ah!, era más mala que la tiña. Cuando yo tenía tu edad y venía a verla, me daba bastonazos en las piernas.

El abuelito era amable, pero no decía nada; ¡si no, también se llevaba un golpe!

¡POM! ¡POM! ¡POM!

¿Eso qué es?

¡Debe de ser Lela!

¡Hola! ¿Istá por ahí el pequeño Riad?

Pues claro que está aquí, ¿qué quieres?

¡Llevaba zuecos!

Nada... Era sólo para verlo, ¡es tan guapo!

¡Vas a asustarlo!

¡No! ¡Tendré mucho cuidado! ¡Por favor!

¡Cuando lo vi era tan pequeño, tan rubito! ¡Debe haber crecido!

¡AYPORDIÓS! Pero ¡istá más guapo cantes!

¡Dile hola a Lela!

¡Hola!

Lela vivía en una casa muy pequeña, al otro lado del camino.

¡Ven a mi casa, que te daré una galleta!

¡Ven!

No, no hace falta...

No tenía ni agua ni luz. Vivía como en la Edad Media.

Déjala, pobrecita...

Ya, pero hay que tener cuidado, ¡no la llamamos Lela porque sí!

En su casa olía a humo, heno y tierra. La única luz que había venía de la chimenea.

Edredón gigante

¿Dónde he puesto la caja...?

¡Aquistá!

- Tierra batida

Cómetelas muy despacio, ¡así te quedas más tiempo!

¡Ah! ¡Lo que mabría gustado tener un pequeñín como tú...!

Je, je, je, je

Habría crecido y luego mabría querido mucho...

ÑAM ÑAM ÑAM

Pero ahora... ¡Mira! ¡Mira qué manos! Ni me di cuenta, una mañana me levanté y ya había pasado: istaban así.

Je, je, je

ÑAM ÑAM GLUP

¡Coge otra galleta! En este rato voy a hacer como si fueras mío.

Je, je, je, jeeee

ÑAM ÑAM ÑAM GLUP... ÑAM ÑAM ÑAM ÑAM

¡Lela! ¡Tiene que ir a echarse la siesta!

¡Je, je, je! ¡Posclaro!

¡Adiós, Riad, chiquinín! ¡Yo también me voy a la cama!

CLAC

Hay que tener cuidado con Lela: ella sonríe, pero en realidad ¡está como una cabra!

Luego, un día, me vi en el parvulario, en la escuela del pueblo.

En realidad yo no entendía qué hacíamos allí.

No conseguía comunicarme con los niños: muchos de ellos se comportaban de forma incoherente y colérica.

Algunas niñas se juntaban en corro y se hablaban, pero sin comunicarse.

¿Jugamos al pilla pilla?

Parecían no saber lo que hacían y mucho más locos que Adnan y Abani.

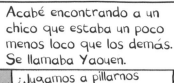

Acabé encontrando a un chico que estaba un poco menos loco que los demás. Se llamaba Yaouen.

¿Jugamos a pillarnos para ver quién es más rápido?

¡Vale!

¡TE PILLÉ! SOY EL MÁS FUERTE.

Mi padre dice, dice que soy muy fuerte, dice. ¿Tu padre qué te dice a ti?

Mi padre dice, dice que...

Ja, ja, mi padre, si te viera, diría que yo soy más fuerte que tú.

Estaba totalmente obsesionado con competir.

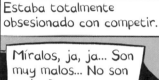

Míralos, ja, ja... Son muy malos... No son nada fuertes...

Nosotros somos más fuertes que ellos.

¿Tú sabes hacer esto?

¡MPF!

¡MFF!

Ja, ja, no has llegado tan lejos como yo... Mira, yo, hasta aquí...

Pero bueno, vale, seremos amigos.

Ven, vamos a los columpios, vamos a ver quién llega más alto.

¡YAOUEN, VEN AQUÍ!

¡Cómo tengo que decirte que me avises cuando te hagas caca!

¡Estás hasta arriba! ¡Qué cochinada! ¡Se lo voy a decir a tu padre!

BUAAAA

Las actividades creativas ocupaban prácticamente todo nuestro tiempo.

Pues mi mamá, mi mamá, mi mamá...

Él no me deja que, que...

¿?

¡Lalala!

¿Dónde has aprendido a hacer figuritas?

¡Mi papá tiene uno así! ¡Encima de la tele!

Superbién hecho

Yo era el único que hacía cosas que representaban algo.

¡PUM!

PAF

Venga, dadme vuestros dibujos de Papá Noel, que yo los cuelgo y luego los miramos todos.

Ah, pero, uy...

Profeeeeee

La maestra llamó a mi madre para decirle que quería contactar con la Escuela Superior y hablarles de mí: mis dibujos no eran propios de un niño de mi edad.

A lo mejor es precoz...

¿?

O incluso... ¿SUPERDOTADO?

¿EN SERIO?

Ha dibujado un gran Pompidou de Papá Noel...

¿Cree que es superdotado? Espero que no... Los superdotados son desgraciados... Al principio, bueno, pero luego acaban tarados...

Al día siguiente, me senté al lado de Yaouen. Dibujamos.

Así... mpf... es como... mpf... hay que hacer... para... dibujar... bien...

Estaba completamente absorto en su movimiento hacia delante y hacia atrás. Y cada cinco segundos, decía alguna guarrería.

Caca

Ras Ras

Pedo

Yo decidí probar, a ver qué pasaba.

Ras Ras Ras Ras

Hacer garabatos era increíblemente agradable.

¿Qué pasa, Riad? ¿Ya no haces dibujos bonitos?

¡CACA!

Vaya, qué graciosillo.

Ji Ji Ji JA JA JA

¡Valeeee! ¡Sí, es muy divertido, venga, pero ahora nos calmamos!

JA JA JA

Ji Jiiii

JA JA

CACAAA

JA JA

A partir de ese día, dejé de dibujar a Pompidou e hice como todo el mundo.

Mira qué fuerte soy, ¿ves?

Deja de decirlo todo el rato...

Y ya no volvimos a oír hablar de esas historias de "avisar a la Escuela Superior" o de "superdotado".

¡Mi padre dijo, dijo, dijo eso!

¡Y el gato pensaba que o que jiiii!

¡YO!

Jjjj

Y un buen día reapareció mi padre.

Puso la maleta encima de la mesa, como de costumbre...

CLIC

...y sacó una pistola de plástico preciosa.

Era muy emocionante tocar cosas con ella.

TOC

¡Qué bonito era aquel objeto!

Ese bigote, no sé yo... ¡Tendrías que afeitártelo!

¡Me encanta el bigote! ¡Todos los hombres importantes llevan bigote!

¡BAH!

¡Venga! ¡Tú vete a matar enemigos!

¡Enséñales quiénes son los sirios!

Mi padre no parecía sentirse seguro en la casa de mi abuela.

¡Mira esa cerca!

¡No sirve para nada!

¡Si alguien quiere entrar, no tiene más que pasar por encima!

¿De qué sirve tener árboles tan altos y una cerca así?

Hop: entro, salgo...

Hop: ya estás fuera.

El primer asesino que venga puede hacer lo que le dé la gana.

¿¡!?

A menudo íbamos al cabo Fréhel.

¡No te acerques al borde! Quédate en el centro del camino.

Una ráfaga de viento, te resbalas y te estrellas contra las rocas de abajo.

Pffjiji

En verano, todos los días se oye a los bomberos: vienen a buscar a los turistas que se han matado al caer por el acantilado.

OOOH, ME VOY A CAER.

¡Muy gracioso!

¡Tú sigue así! ¡Un día te caerás y no harás tantas bromas!

Cuando era pequeña, mi mamá vivía en una casa cerca de la punta.

Su padre vigilaba el faro... La casa está derruida, pero quedan restos, te la voy a...

¡AAH!

En el extremo de la punta estaban el viejo faro y los cimientos de una casa.

Mi madre vivía aquí cuando era pequeña.

Cuando había tormenta, oía las olas golpeando contra el acantilado y eso hacía que todo temblase por la noche.

BRUoooooooo

Y por la mañana recorría 4 kilómetros gateando por la cuneta para ir a la escuela. ¡Tenía miedo de que se la llevara el viento!

FiUooooo

En cuanto se casó, se mudó a una casa en el pueblo.

¿?

¡Mpf!

¿Sabes si las gaviotas se comen?

¡TÚ NO ESTÁS BIEN! ¡DESDE LUEGO QUE NO!

¡Qué pena!

Porque aquí son muy fáciles de cazar.

Poco después, mi padre se puso a contar que había visto y oído cosas raras en la casa.

Esta noche. Pasos. Como si alguien caminara por el tejado.

CLAC, CLAC, hacía.

¡Yo también lo he oído, da miedo!

CLAC

Pero tengo que contaros otra cosa... Anoche, estaba viendo la tele mientras todo el mundo dormía.

Y, de repente, oí como una moneda cayendo por la escalera. ¡CLIN, CLIN!

Me levanto y voy a ver: nada.

Vuelvo a sentarme.

Entonces...

...veo que el cochecito de Riad se pone a rodar él solo encima de la mesa...

¡HAY UN FANTASMA EN TU CASA!

Unos días más tarde, fui con mi abuela al cementerio del pueblo.

Debajo de cada una de estas piedras hay alguien tumbado.

¿Y después qué hacen?

Pues nada, se quedan ahí para siempre, ya no se mueven porque están muertos.

Su alma está con Dios.

¿Qué es el alma?

Es eso que se va del cuerpo cuando uno se muere. Se va con Dios.

Mira, la que está debajo de estu piedru es mi mamá.

¿QUÉ?

Pues sí. Por eso riego las flores.

Y en esa tumba de ahí está mi tía. Se llamaba Mémelle. Murió el año pasado.

¡Mémelle! Si eres tú la que hace ruidos en casa, tienes que dejarlo: estás asustando a todo el mundo.

Una mañana, me desperté y estaba completamente solo en la casa.
Llamé a mis padres: no estaban.

Vaya, ¿ya te has despertado? ¿No has tenido pesadillas?

Pregunté dónde estaban mis padres.

¡Anoche se fueron al hospital! Tu madre ha dado a luz: tienes un hermanito.

Es la noticia del siglo, ¿a que sí?

Capítulo 3

Mi padre no había buscado trabajo en Francia. Había solicitado un puesto de profesor en Siria.

Aunque estaba entre los más cualificados, sólo había obtenido una plaza de profesor adjunto.

Mi madre parecía cansada

Todos los puestos importantes estaban ocupados por gente con contactos.

Aun así, nos mudamos. Mi padre aseguraba que allí tenía mucho dinero de su familia.

Hacía 17 años que no volvía.

No me gustan los aviones, siempre tengo la impresión de que nos vamos a estrellar...

Desde 1971, Siria estaba dirigida por Hafez el Asad, un antiguo piloto de caza.

Mamá, mira mi dibujo.

"El Asad" quería decir "el león". Ése no era su verdadero nombre. Su verdadero nombre era "El Wach", que significaba "la bestia salvaje".

Siria era una dictadura militar socialista, aliada de la URSS, y se encontraba en estado de guerra con Israel.

¡MAMÁÁÁ!
¡YA TE HE OÍDO!
¡UN MOMENTO!

¡Oh, pero qué pequeñíííin más boniiiito!

La gran mayoría de la población siria era sunita.

¿Cómo se llama?

¡Yahya!

Esta rama del islam es muy mayoritaria en el mundo musulmán.

Pero ¡qué bonito ereeeees!

¡GÑÑ!

Considera que el Corán, libro sagrado de los musulmanes, es de naturaleza divina...

GRNGRNGNR...

...y que Mahoma es el profeta definitivo de la humanidad.

GRNGRN...

La familia de mi padre era sunita.

¡Pssst!

El chiismo es la otra rama, minoritaria, del islam.

¡Ey! ¿Quieres ver a Pompidou?

Cree que Alí, el yerno del profeta, es su sucesor, y que un día vendrá a la Tierra un mesías: el Mahdi.

Mãmãmã...

Hafez el Asad era alauita, que es una variante del chiismo.

YLHAN ABOUK!

En Siria, los alauitas habían sido fuertemente perseguidos hasta que El Asad dio el golpe de Estado.

¡He tenido un sueño increíble!

Después había favorecido a su comunidad, en detrimento de los sunitas.

¡He soñado que el aire estaba lleno de oro!

¡Oro, por todas partes, que brillaba!

¡Cuando tenía tu edad, viví una experiencia mágica!

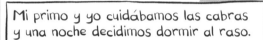

Mi primo y yo cuidábamos las cabras y una noche decidimos dormir al raso.

En un momento de la noche, tuve sed, y entonces caminé hasta un manantial que estaba más arriba. Y allí miré el agua y ¡era oro! ¡Brillaba como el oro!

¡Metí una mano dentro y salió llena de oro! Brillaba, ¡qué bonito era!

Fui a despertar a mi primo y se lo enseñé. ¡Nos cubrimos las manos de oro y corrimos al pueblo, para avisar a la familia!

Pero cuando llegamos y les enseñamos las manos...

¡Maldición! ¡Estaban llenas de barro!

El oro se había convertido... en... en barro...

Lo primero que se veía al llegar al aeropuerto de Damasco era el retrato gigante de un bigotudo con la frente enorme: Hafez el Asad.

El aeropuerto se hallaba en peor estado que el de Libia.

Atini al kbiri!

ANA!

HEY!

A medida que avanzábamos por los pasillos, los retratos de Hafez el Asad se multiplicaban.

Militares armados comprobaban los pasaportes.

Cuanto más avanzaba la cola, más preocupado parecía mi padre.

جوازات

Llegó nuestro turno.

Ahlan.

Ahlan oua Sahlan

El militar miró el pasaporte y de pronto se detuvo.

Khadamit jeche?

Choo?

Un tipo me miraba fijamente.

Sonrisita picarona

Los papeles de mi padre parecían plantear problemas.

Makhadam jeche? Chahatou al habiss!

Makhadam jeche!

72

Iza ma betzabit ouadak mnakhdak halaa ya habib!

Aiwa.

Mi padre se llevó aparte al militar que parecía más grandote.

Mm Mm Mm

Curiosamente, éste se puso a escucharlo con atención. Los otros militares siguieron ocupándose de la fila.

Mm

Ahleen fiik belwatan!

¿Qué ha pasado?

Bah, nada... Quería comprobar si había hecho el servicio militar...

Como llevaba 17 años sin volver a Siria...

Pero le he dado unos dólares y listo...

Así estoy tranquilo hasta la próxima vez.

¡TAXi! ¡TAXi! ¡TAXi!

Los taxistas gritaban. Era una competición de aullidos para llamar la atención.

¡TAXI! ¡TAXI! ¡TAAAXI! ¡TAXI! ¡TAXI! ¡TAXI! ¡HOMS!

¡HOMS! ¡HOMS! ¡HOMS! ¡HOMS!

Hay que esperar...

Halda doré eé!

Laaaa! Doré ana!

Incluso llegaban a las manos.

Etrkni ya charmouuuut!

Rah! Akhedon anaaa!

Después de un rato, ya sólo quedaban dos.

Men ouene gitne intiiii?

Rjaa ha dihtak ejarbani!

Ijit ablak!

Y los que habían abandonado contemplaban el final de la discusión mientras se repeinaban.

Finalmente, el vencedor, completamente exhausto, nos hizo entrar en su vehículo.

UF UF UF HOMS UF

El aeropuerto estaba a las afueras de Damasco. Apenas se distinguía la capital desde la carretera.

En lo alto de una colina, se veía una especie de búnker que dominaba los alrededores.

¡Es el palacio del presidente! Parece que en el interior hay sólo un modesto apartamento.

¡El tamaño de la construcción es sólo para impresionar al pueblo!

¡Hafez el Asad es MUY listo!

El taxista fumaba como un carretero.

Tiraba la ceniza y las colillas por un agujero que había en el suelo.

Cuentakiló-metros roto

El pueblo de mi padre estaba situado cerca de Homs, a 160 kilómetros de Damasco.

Turquía

• ALEPO

Siria

Hama

HOMS

PALMIRA

Líbano

DAMASCO

Jordania

Israel

La autopista estaba bordeada por extraños tenderetes.

Tipos solos bajo los fluorescentes

Como en Libia, el país parecía en construcción. Mi padre tenía la nariz pegada a la ventanilla. Yo me dormí.

Cuando volví a abrir los ojos, habíamos llegado al pueblo de mi padre: Ter Maaleh.

Nos recibió el cabeza de familia: mi tío Hadj Mohamed.

Mi abuela también estaba. De hecho, estaban todos los Sattouf del pueblo.

Mi tío nos hizo pasar a su casa. En aquel momento nos separaron. Mi padre fue a la habitación de los hombres...

Tfadali!

¡Hasta ahora!

...y nosotros, a la de las mujeres.

Chaaron achaar hi hi hi!

Garibh!!

Ji ji ji ji

Bichbaho oumoun!!

Hè. Hè.

Todas las mujeres llevaban velo. Las de más edad tenían monedas de oro que sobresalían bajo los tocados.

El olor a sudor de cada una de ellas era particular y único. Mi melena rubia dejaba estupefacta a la audiencia.

Luego una mujer me quitó un zapato. Parecieron aliviadas al ver mis dedos de los pies pegados.

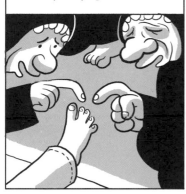

Mi abuela seguía teniendo la misma mirada. Parecía haber envejecido.

Había otros niños en la habitación. Lloriqueaban.

Luego, de pronto, varios chicos empezaron a pegarse.

Yo nunca había visto algo así: ¡se golpeaban!

Mi abuela me animó a unirme a ellos.

Cuando estuve cerca del grupo, dos niños me señalaron.

YAHOUDI!
?
YAHOUDI!

"Yahoudi" significa "judío". Fue la primera palabra que aprendí en árabe sirio.

YAHOUDI!   YAHOUDI!
¡Gh!

Aquella palabra provocó una gran excitación: todos se me echaron encima.

Entonces, mi madre me rescató y me quedé mirando la pelea desde fuera.

Ahora quédate aquí.

A pesar de que me habían hecho MUCHO daño, ¡tenía ganas de volver! ¡La violencia me atraía, me atrapaba!

¡HF!

YAHOUUUDI!
YAHOUUUDI!

Esta vez, dos chicos se interpusieron para defenderme.

LA! LA! TSSS!

MA YAHOUDI!

Aun así, consiguieron arrancarme un mechón de pelo.

¡RAAS!

Escondí la cabeza bajo el jersey de mi madre.

¡Te está bien empleado! ¡Te he dicho que no fueras!

Quejica

Luego, al cabo de un buen rato, unas mujeres trajeron una bandeja con arroz, bulgur y huesos roídos.

Las mujeres se pusieron a comer con las manos los restos de la comida que habían tomado los hombres en la habitación de al lado.

Khili! Khili!

Al poco, reapareció mi padre.

¡Venga! ¡Se acabó, nos vamos!

Sniiif

Un primo nos llevó a una casa situada al otro lado de la calle.

Era gris y parecía que aún estuviera en construcción.

¿Vamos a vivir aquí?

Sniiif

El piso estaba compuesto por una entrada inmensa iluminada con fluorescentes y cuatro habitaciones pequeñas y contiguas.

Mi padre se tendió en un colchón que había por ahí y se puso a mascullar.

mghmgm gnim

LA Inti ylham mghnngnm...

Acababa de discutir con su hermano Hadj Mohamed.

¡No se alegra de que nos instalemos aquí! Me ha dicho: "¡Tú serías más feliz en Europa! ¿Por qué vuelves? ¡Vete a Francia!"

Mi tío había vendido unos terrenos que pertenecían a mi padre sin habérselo dicho.

A cambio nos da esta casa... Pero no vale lo mismo...

¡Con lo amable que estuvo en Libia!

¡Mi propio hermano!

¡Ha vendido mis tierras por una miseria! ¡Me lo había ocultado! Creía que iba a quedarme en Europa...

Dormimos todos en el mismo cuarto porque no había calefacción.

Oía a mi padre mascullar cosas. Hasta que me dormí.

Chhmklgngn

Pero luego, por la noche, me despertó un hombre que tosía por un altavoz.

COF COF

A continuación, hubo un acoplamiento.

Piiiiiiiii

CLic

Fue la llamada a la oración de las cuatro de la mañana. *La reverberación era enorme, el sonido era cósmico.*

DIOS ES GRANDEEEEEE Y NO HAY NADA MÁS GRANDE QUE DiOOOOOOS.

La voz más triste del mundo

Aquello duró tres minutos. No recordaba que en *Libia* pasara lo mismo.

COF COF CLic

UUUUU UUUUUU
UUUUU U UUUUUUUUUU
UUUUUUUU UUU
UUUUU UUUUUUUUUUUU

¡A lo lejos, unos perros aullaban como locos!

A la mañana siguiente, nos despertó una nueva llamada a la oración.

¡DIOS ES GRANDEEEEE!

Mi padre no estaba. Hacía mucho frío.

Mi madre le daba el pecho a Yahya.

Chup gñ chup

El vaho se disipaba a duras penas.

¡Ah, estáis todos despiertos! ¡Venid a ver, tengo una sorpresa!

Por la puerta de la estufa se veía una llama.

¡Mirad lo que me ha regalado mi hermana!

En éste hay aceitunas...

...y en éste, ¡"makdus"!

Olor a moho

¿?

Mi padre colocó el desayuno en el suelo y se sentó. Parecía emocionado por volver a comer al estilo sirio.

Vais a ver los "makdus", son pura Siria.

Parece un órgano sanguinolento ←

¡Oooh, el pan está muy blando! Vamos a hacer que esté mejor todavía.

Hop. Apoyamos el pan en la estufa.

Los "makdus" eran berenjenas en aceite y pimentón.

Estaban muy buenos ↓

Las aceitunas estaban extremadamente amargas.

¡Es incomible!

¡Es sirio!

También había una especie de queso de oveja bañado en un aceite amarillo chillón.

¡Esto es lo mejor! Se toma un bocado con pan...

...y al mismo tiempo un buen trago de té con mucho azúcar...

...y se mezcla en la boca.

Y se traga todo.

GLUP

Lo probé y estaba muy bueno.

¿A ti te gusta?

¡SÍ!

¡JAAA! ¡Éste sí que es sirio!

Después, exploramos la casa.

¡Mirad! Aquí pondremos un supersalón.

Aquí nuestro cuarto.

Aquí, tu cuarto y el de tu hermano.

Aquí... bueno, ¡esta habitación, digamos que será el trastero!

La cocina era minúscula...

...y el cuarto de baño, ultragigante.

Yo nunca había visto un retrete de ese tipo. Era muy profundo.

Daba un poco de vértigo.

No había papel higiénico, sino una manguera.

Podía quedarme horas en esa posición.

Pero mi madre no estaba muy contenta con el sitio.

¡Mira las paredes! No están pintadas, hay grietas por todas partes...

¡Eso no es nada! ¡Tiene grietas porque es nuevo!

¡En cuanto esté pintado, ya no se verán!

Y no entiendo por qué la entrada es la habitación más grande de la casa.

¡Es para poder organizar grandes recepciones!

Las baldosas eran perfectas para los coches

Iremos a Homs y compraremos muebles muy lujosos...

No te preocupes...

De todas formas, esto es temporal. En cuanto pueda, construiré un chalet magnífico en la tierra que me ha quedado.

La semana que viene iré a ver a un arquitecto.

Esto es sólo para unos meses.

Tendremos un jardín inmenso, lleno de árboles frutales, y una fenomenal alameda de entrada a la casa.

Todos los habitantes de Ter Maaleh tendrán envidia, ja, ja... Y yo llegaré en mi Mercedes último modelo...

...y recorreré mi alameda muy despacio, para disfrutarla.

Subimos al tejado del edificio para observar los alrededores. El pueblo no era muy grande. Y todas las casas se parecían.

Eran grises y parecían inacabadas. Trozos largos de chatarra sobresalían de las azoteas, como en la nuestra.

¡Mirad qué bonito!

En Siria, cuando tu casa está terminada, tienes que pagar un impuesto extra... ¡Y como nadie quiere pagar, nadie termina su casa!

¡JA, JA!

También se veía una especie de ciudad antigua de tierra, que parecía en ruinas.

Hacía mucho viento. Siempre había bolsas de plástico volando a la deriva.

¡De todas formas, el exterior de la casa nos importa un pimiento! Si el interior es magnífico...

Al norte, el horizonte era llano, quebrado por una enorme colina.

Al este, era igualmente llano, salvo por dos pequeñas colinas.

Al oeste, una barrera rocosa ocultaba la línea del horizonte: el Yebel Ansariya.

Era el rincón de los pueblos alauitas

Al sur, una gran montaña aparecía en el cielo: el Qurnat as Sawda', la cima más alta de la cordillera del Líbano.

Completamente bíblico

También se divisaban Homs y su refinería, que ardía día y noche.

Mira el espacio entre esas dos casas de ahí, ¿lo ves? Bueno, ¡pues en ese lugar hay un tesoro enterrado!

Data de la época romana.

¡Un día compraré un detector de metales!

¡Es una máquina que te dice dónde hay oro enterrado!

Una noche iré allí, sin decírselo a nadie...

...encontraré el tesoro y seré multimillonario.

Fuimos a visitar el pueblo.

Junto a la casa pasaba una carretera.

¡Ja, ja! ¡Los sirios sí que conducen como hombres!

Piiiiiiiiiiiiiiii

TOYOTA

¡Qué locura, todas estas casas nuevas! Voy a enseñaros dónde vivía yo cuando era pequeño.

Las calles estaban llenas de bolsas de plástico y basura que parecían llevar allí mucho tiempo.

A pesar del frío, un ligero olor a mierda flotaba en el aire.

¡La gente saca a sus perros a cagar a la calle, como en Francia! ¡JA, JA!

¡NOOOO!

¡Aquí la gente no tiene perro! ¡Qué horror!

¡En Francia, la gente que tiene perro son los perros de sus perros!

Y entonces, ¿qué es?

Pfff, pues qué va a ser... Mejor no mirar y se acabó...

Bueno, pues ahí vivía yo con mis hermanos y hermanas.

¡Fue cuando yo era muy pequeño!

¡Qué bonitas esas piedras! ¡En la época sería más estable!

¡Sí! Cuando construya mi chalet de lujo, cogeré esas piedras y las plantaré encima de la puerta. ¡Quedará muy bonito!

Ésta es la antigua aldea abandonada.

¡Aquí vivía gente mucho antes de Cristo!

Cebollas silvestres crecían en los muretes

Aquí hay que tener cuidado... Hay espíritus que merodean por estas callejuelas...

¡Los espíritus son amigos de Satanás!

¡Y Satanás es el mal! Voy a contarte lo que le pasó a mi tío, aquí, hace mucho tiempo...

¡AAH!

IMCHÍ YA OUALADE!

¡AAAH!

¡Son los niños!

La gente es pobre... Cuando eres pequeño, te entran ganas y andas deambulando por la calle, ¿qué vas a hacer...?

Bueno, en fin... Iba a contar lo que le pasó aquí a mi tío hace muchos años...

Una noche, después de haber pasado el día en el campo, acompaña a sus cabras al redil. Pero, una vez delante, problema: no quieren entrar.

¿¡!?

Él las golpea, pero no hay forma... En ese momento, oye una voz que viene de la noche...

¡No las golpees, tienen miedo de mí!

Mi tío da un respingo: ¡hay una anciana en el redil!

¡¿Qué haces ahí, anciana?! ¡Apártate, tengo que meter a mis animales!

Ay, soy una vieja mendiga, no tengo adónde ir... Déjame dormir aquí, te lo ruego...

Mi tío, que era un buen creyente, le da limosna y acepta.

¡QUE ENTRES, BESTIA INMUNDA!

Espera... Déjame ayudarte...

BEEE

¡Venid, pequeñas, no tengáis miedo, entrad!

¡AAAH!

Beee Beee

¡Aquella mujer era un espíritu que quería hechizarlo!

¡Después, se meó en su chilaba y huyó!

¡BEEEE!

¡AH!

¡BEEEE!

¡MPF!

¡Hijo de perra!

¡BEE!

¿Por qué has hecho eso?

¡JA, JA, mira qué jeta!

¡A veces, Satanás puede ocultarse bajo la forma de un animal!

¿Quién es Satanás?

Es el enemigo de Dios.

La gente nos miraba como si fuéramos extraterrestres.

Ter Maaleh era un pueblo sunita. Mi madre era la única europea del lugar.

Bueno, pues éste es el primer río.

Había dos ríos. El primero se llamaba Saqiieh, era negro y parecía una cloaca.

Ven aquí, no te acerques...

Olor a mierda ↓

¡Cuando yo era pequeño, nos bañábamos aquí!

¡El agua no estaba tan sucia!

El segundo río discurría más abajo y parecía más imponente. Era el Orontes.

¡Aquello es un hervidero de gallinetas!

Una noche puse una trampa para cazarlas... Al día siguiente, volví... Y ahí, desde lo alto del pueblo, vi unos cuervos volando en círculo por encima del lugar donde estaba mi trampa...

¡Demasiado tarde, se habían comido la gallineta que había cazado yo! ¡Los muy cerdos!

Los cuervos son listos... Te observan con el rabillo del ojo... Y en cuanto te descuidas, ¡te roban lo que es tuyo!

El que hacía caca en el camino nos seguía ↓

Hasta la Primera Guerra Mundial, Siria formaba parte del Imperio otomano. Pero, como Turquía optó por aliarse con Alemania, el imperio quedó dividido después de la derrota.

¡Esta bomba no ha cambiado!

Gñi

Francia heredó así el control de Siria, de 1920 a 1943.

¡Todo el sistema de riego lo construyeron los franceses! La gente todavía lo utiliza.

Yo jugaba aquí cuando era pequeño: ahí nos bañábamos.

Hay que tener cuidado, en ese depósito se ahogan niños a menudo.

De pronto, en medio de los residuos, vi algo que se agitaba.

¿Las ves? ¡Son como serpientes, con esas cabezas!

¡Son tortugas! ¡Tortuguitas!

¡Sí, ven!

SOTOTUBAAAAA TOTUBITAAAAA

¡Conito melindroso muy logrado!

Kh!

Buscamos y encontramos cero gallinetas.

La corriente era fuerte →

¡Mamá, hay mosquitooooos!

BABAAAAA AiBOKiTUUU

JA, JA

Aún más logrado que la primera vez

¡Ahora eran tres los que nos seguían!

AiBOKiTUUU

Pasamos de ellos, no les hagas caso...

¡Ja, ja!

Espera, creo que tengo una piedra en el zapato.

TSSS

KH

YAHOUDI!

Los niños que nos seguían tenían aspecto amenazante. Adoptaban poses varoniles y daban bastonazos contra el suelo.

KSSS

YAHOUDi!

NTT!

¿Os parece bonito, entonces?

¡Sí, pero de todas formas está contaminado!

Yahoudi!

Khh!

YA ¡BN AL KALB!

Reaccionó de repente. Los niños trataron de escapar de él...

KH!

HIN!

i...pero él era demasiado rápido para ellos!

Superfuerte →

PAF

AAAAH

Pánico total →

AYYYY

MINE YAHOUDÍ YA KALB!? MINE YAHOUDÍ?

¡PAF!
¡PAF!
¡PAF!

BUAA

¡BUAAAAA!

Ver cómo golpeaba a aquellos niños que se reían de mí me proporcionó un inmenso placer.

¡Cochinos árabes cazurros retrasados!

AAh AAh

Me encantaron sus rostros deformados por la pena y el sufrimiento...

BUAAAAA

BUAAAAA

Aheuuu aheuuu

...pero al poco rato tuve una sensación extraña.

De hecho, tenía miedo de que aquello me pasara a mí

Después, mi padre nos llevó al otro lado del pueblo, donde se encontraba el único terreno que aún le pertenecía y que su hermano no había vendido.

Sniiif

Aquí es donde construiré mi chalet de lujo. Es un buen sitio, ¿no?

La tierra lo es todo, ¡es más importante que el dinero! Cuando posees tierras, no puede pasarte nada.

Todo esto era mío... Todos estos campos... Antes...

Caminamos hasta el inmenso árbol que bordeaba el camino.

Lo plantó tu bisabuelo. Es el "tutero" más grande del pueblo.

Hay una línea de alta tensión que pasa entre las ramas: ¡ten cuidado de no electrocutarte si un día trepas hasta arriba!

¿¡?

La línea eléctrica alimentaba una casa que en aquel pueblo resultaba excepcional: el tejado era de tejas y parecía terminada.

En realidad, no lo estaba

Es la casa de Mohamed, un primo que es general...

¿TIENES UN PRIMO GENERAL?

Bah, de todas formas, en este pueblo somos todos primos...

En Siria hay un montón de generales. Como todos tienen el mismo grado, se vigilan unos a otros. Así no dan golpes de Estado.

De pronto, un todoterreno salió en tromba de la casa.

Cuidado, vamos a apartarnos.

Deprisa.

¡Hay un niño al volante!

¡Seguro que es el hijo del general!

Fuimos a ver la escuela del pueblo.

¡Aquí es donde aprendí a leer y a escribir!

¡Caramba, no ha cambiado nada!

La escuela era demasiado pequeña para acoger a todos los niños a la vez.

¡Tú también irás allí pronto!

Gñi

Los alumnos iban por turnos, tres días por la mañana y tres días por la tarde.

¡Parece que están construyendo una más grande que podrá acoger a todo el mundo!

¡Y pensar que en mis tiempos nadie iba a la escuela! Los padres no llevaban a sus hijos al cole.

Yo, por ejemplo, soy el único de todos mis hermanos y hermanas que sabe leer. Pude ir porque era el más pequeño.

¿Ves esa bandera? ¡Una noche, un amigo y yo la robamos porque era muy colorida, con el rojo y el verde!

La reemplazamos por un trapo sucio y al día siguiente fuimos a la escuela como si nada.

Pero, en realidad, habíamos hecho algo muy grave. Reunieron a todos los alumnos en el patio y preguntaron: "¿Quién ha robado la bandera de la gloriosa nación siria?"

Nadie respondió. Entonces el profesor dijo: "Si conocéis al culpable y lo denunciáis, os daré 5 libras sirias."

Mi amigo, que era estúpido, levantó la mano y dijo: "¡Hemos sido nosotros, señor! ¿Puede darnos las 5 libras?"

¡JA, JA, JA, JA, JA! ¡Creía EN SERIO que le darían las 5 libras!

¡JA, JA! ¡Nos agarraron y nos dijeron que nos iban a ejecutar delante de todo el mundo para dar ejemplo!

¡JA, JA!

Un hombre se fue a buscar un fusil, ¡y durante ese rato pensamos que íbamos a morir! ¡Lloramos! ¡Y lloramos! ¡Ja, ja!

Pero luego sólo trajeron un palo, ¡y nos pegaron con él tanto que no pudimos sentarnos en una semana!

Cuando ya nos íbamos, vi a un alumno en uniforme corriendo hacia las fuentes.

Bebió pegando la boca al caño.

Y luego meó, tratando de apuntar al caño.

Volvimos a ver a mi abuela.

Vivía en casa de mi tío, al otro lado de la calle →

Mi padre se acurrucó en su regazo, exactamente igual que en *Libia*.

A continuación, empezó a discutir con ella, exagerando sus expresiones.

Emmiii, aeliloy yrajaali almassariii!

Ahé! Ahé!

Parecía que se quejara.

Hedol massaryie...

Hè...
Hè...

Luego, de pronto, los dos niños que la noche anterior me habían agredido entraron en la habitación.

Tahal! Tahal!

Se llamaban Anas y Moktar ↓ ↓

Mi padre recuperó una postura normal y dejó de quejarse.

¡MUA! ¡MUA!

Ahé! Ahé!

Mi tío Hadj Mohamed entró en la habitación y saludó a todo el mundo, como si nada.

¡MUA! ¡MUA!

Anas y Moktar se pusieron a gimotear.

Tenía algo en el ojo ↓

Buaaa

Mi tío hizo un leve chasquido con la lengua, muy seco.

¡CHIST!

Los dos niños se pegaron a la pared sin hacer ruido.

Comprendí que Anas y Moktar eran los hijos de Hadj Mohamed.

Aquellos dos animales eran mis primos.

¡Ting!

Todo el mundo sonreía, pero se notaba que mi padre y mi tío se detestaban.

Coge la moneda. Te la da.

Li li li

¡JA, JA!

Poco a poco, toda la familia se reunió en la habitación de la abuela.

Hadj Mohamed tenía dos mujeres. La primera era mayor y a veces hablaba sola.

Era sumamente amable y dulce, pero parecía estar en otra parte ↓

Ma fi mgnmgn

La segunda era más joven. Era la madre de Anas y Moktar.

Era su madre, sin ninguna duda ↓

Mi tío acabó marchándose del cuarto.

Deja de restregarte, se te va a infectar y te vas a quedar sin ojo...

Tu abuela tiene una técnica mágica para quitar las motas de los ojos.

¡Te va a lamer el ojo!

No irá a lamérselo de verdad...

¡Sí! ¡Ya verás!

¡Ahé! ¡Ahé! ¡Ahé!

Mi abuela me agarró la cabeza con las dos manos.

La gente se aguantaba la risa. Yo sentía su áspera lengua bajo el párpado.

Y acabó enderezándome.

¡Ya no me dolía!

Moktar y Anas se le echaron encima...

Buaaa Buaaa

...ella les lamió los ojos para que no tuvieran celos.

Mi padre iba a Damasco a dar clases una vez a la semana.

Mi madre se quedaba en la cama y se ocupaba de mi hermano

Guguuu

Bruuuum

A mí no me dejaban salir porque era demasiado pequeño, así que miraba por la ventana.

La mujer de enfrente tendía la ropa incluso cuando llovía. Dejaba a su bebé en el suelo de hormigón.

Cuando había acabado, lo agarraba por una pierna.

Ji, ji

Y cuando ya lo tenía en brazos, lo cubría de besos.

Por el balcón de la cocina podía ver otra casa.

Allí vivía una familia muy numerosa.

La madre parecía agotada.
Siempre tenía un niño en el pecho.

Un chico, sentado en un montón de piedras, le tiraba pedradas a un burro.

El animal sangraba por un costado. Y a cada impacto abría la boca sin hacer ruido.

…

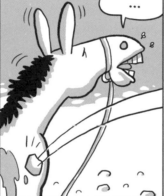

El chaval tiraba fuerte.
Lo hacía sin pensar.

¡Hmpf!

Su padre lo perseguía bastante a menudo con una zapatilla.

¡YA KALB!

Ayyyyyy

Como no conseguía atraparlo…

UF UF UF UF

…se vengaba con el burro.

…

¡HMPF!

¡PAF!

Yo me quedaba horas mirando la calle principal y la torre de agua.

A mediodía, los colegiales volvían a sus casas corriendo.

Reaparecían por la tarde, armados hasta los dientes.

Apuntaban con precisión a las bombillas de las farolas, que, en realidad, ya llevaban rotas mucho tiempo.

A veces se cruzaban dos pandillas. Los chicos adoptaban poses varoniles y amenazantes.

Pero aquello raramente acababa en pelea: eran todos primos.

Yo soñaba con unirme a ellos. Parecían tan fuertes...

Al final del día, mi padre regresaba de la universidad.

Parecía más preocupado que en *L*ibia. Se apresuraba a quitarse el traje, como si le diera miedo que lo vieran.

Se ponía una chilaba, se sentaba en el suelo y fumaba un cigarro.

Dime, ¿qué has hecho hoy?

¡Jugar!

¿¡Otra vez!? ¿Y no estás harto de jugar todo el rato?

¿No preferirías ir a la escuela con los otros niños?

No, quiero quedarme con mamá.

"Ña, ña, ña, quiero quedarme con mamá"... No vas a quedarte con mamá toda la vida...

A tu edad, yo iba a la escuela...

¡No habla árabe, no vas a llevarlo a la escuela...!

Pfff, pero aprendería en dos días... Yo creo que deberíamos llevarlo... Eso lo hará más fuerte...

En vez de quedarse aquí todo el día jugando con cochecitos y hombres de plástico desnudos...

Chaaaan

A mí me gustaba ir a la escuela... Prefería estar en la escuela que en casa...

Y los días transcurrían en aquel piso. Mi padre ya no hablaba del chalet.

Mi madre parecía cada vez más cansada

Gugu

Chiuuu, atención, chiuuu

Riad, ven, voy a presentarte a unos amigos.

Éstos son tus primos Mohamed y Waël. Mohamed tiene un año más que tú, y Waël tiene tu edad.

Ji, ji, ji, ji

Mohamed

peinado

'Waël'

Muy limpitos

Me acordaba de ellos: me habían defendido en la pelea de la primera noche.

¿Vamos a jugar?

En mi idioma

¿¿¡!??

PF Jili Ji Ji Ji

Ji Ji Ji Ji Ji Ji Ji

¿BAMSAGUAR?

Según la tradición siria, hay que descalzarse antes de entrar en una casa.

¡!

¡Sus zapatos eran moldes de plástico de deportivas reales!

¡Hasta el nudo de los cordones era de mentira!

¡Color verde!

¡Los dos pies eran idénticos!

Estaban completamente fascinados por mis juguetes.

¡Choof la sihara! ¡Choof qué genial!

Yo empezaba a entender algunas palabras

Los examinaban meticulosamente, como si se tratase de objetos preciosos.

¡Oh! ¡Oh!

Admiraban los sistemas mecánicos que permitían la apertura de las puertas de los cochecitos o la articulación de los brazos de los muñecos.

Querían saber a toda costa qué había en el interior de los objetos.

Eran muy meticulosos. Hacían cosas que nunca se me habían ocurrido.

¡Formar una línea recta con todos los coches! ¡Qué idea tan genial!

Jugamos un rato, luego vino mi padre a decirles que tenían que marcharse ya.

Los tíos más majos del mundo

De hecho, éramos vecinos, vivíamos en el mismo rellano.

En Ter Maaleh no había nada: ni cafés, ni restaurantes, ni tiendas. Sólo casas con familias dentro.

De vez en cuando íbamos de compras a Homs, que estaba a 7 kilómetros.

Un viejo autobús hacía la ruta cada hora.

Se guardaba las monedas en el bolsillo

Se veía la carretera a través del suelo.

La gente no nos quitaba ojo.

En la carretera, se distinguía una inmensa refinería de azúcar...

Con beduinos delante

...y, después, silos de grano que parecían más recientes.

En mi época, ahí había un bosque, y ahora lo que hay es el mundo moderno.

Cuanto más nos acercábamos a Homs, más se multiplicaban los retratos de Hafez el Asad.

Había grandes carteles pintados donde aparecía más joven.

Y una estatua suya en medio de una glorieta.

Corbata esculpida

El espacio libre estaba ocupado por carteles y adhesivos.

Entonces me di cuenta de que el bus también estaba lleno de adhesivos.

Con su bigote, incluso el conductor se parecía a El Asad.

silla sujeta con clavos

De hecho, todos los hombres del autobús, salvo mi padre, llevaban ese bigote.

A mí me gustaba menos El Asad que Gadafi. Era menos guapo, menos atlético. Tenía una frente desproporcionada y un aspecto un poco canalla. No se le veían bien los ojos.

La primera vez que vi Homs, llovía.

Había vendedores de pollitos por todas partes.

Este tipo levantó una de las jaulas de plástico. Agarró un pollito que ya no se movía...

...y lo arrojó a lo lejos, a un montón de pollitos que tampoco se movían.

Todos los coches tocaban el claxon, la gente gritaba, había basura por todas partes y olía mal.

Piiiiiii Piiiiiii Piiiiiiii Pii

¡Uy!

Los edificios parecían frágiles y estaban negros de mugre.

¿Quién podía usar estos balcones?

Mi padre nos llevó a un zoco.

¡Mirad las luces!

Entramos en la tienda de un tipo que sólo vendía barreños de plástico. Fue muy educado y muy amable con nosotros.

Me regaló un cubo

Sin duda, se mostraba complaciente por desconfianza: al ser mi madre europea, mi padre podía ser un funcionario del régimen.

¿Lo conoces?

No, qué va.

Fuimos a comer unos bocadillos al pasadizo de los kebabs.

Sabremos cuál es el mejor por el olor.

La mayoría de los restaurantes desprendían olor a agrio y pasado.

Lé lé lé

El suelo estaba lleno de basura, y había ratas corriendo por todas partes.

¡Mira qué guarrería!

¡JA, JA, JA!

Hii

Había hombres comiendo solos por la calle, sin hablar.

¡Oye, pues esto ha subido! ¡Qué panda de ladrones!

Pasamos por delante de un puesto y nos cruzamos con mi tío Hadj Mohamed.

Mi padre hizo como si no lo hubiera visto, pero mi tío sí nos vio. Me hizo una pequeña señal con su bocadillo.

113

En Homs había sunitas, alauitas y cristianos. Cada comunidad tenía su barrio. Las chicas que se veían por la calle eran distintas de las de Ter Maaleh.

Peinado al estilo Dallas

CLIC CLAC CLIC

Los hombres jóvenes iban todos peinados como americanos de los años cincuenta.

mueca varonil

Se reunían delante de las tiendas de cintas de música.

LEÉÉ YA HABIBI

Pero la música no era más que un crujido distorsionado.

OH HABiiiiBI

Este tipo vendía unas frutas preciosas y bien lustrosas.

¡Ponme un kilo!

¡Claro, hermano!

Llenó una bolsa y se la alargó a mi padre.

¿CÓMO? ¿Me estás tomando el pelo? ¡Me las has dado todas podridas! ¡Yo quiero de las de delante!

¿Eh?

¿Y cómo vendo las otras, primo? ¡Son las únicas manzanas brillantes que tengo! ¿Quieres arruinarme o qué?

En aquella época, Siria pasaba por largos períodos de penuria.

¡Está vacío! ¿Qué vamos a comer?

Veeeenga, es temporal...

Siria es aliada de la URSS. ¡Cuando los comunistas hayan ganado a los capitalistas, estará todo lleno!

¿Tú crees que van a ganar los comunistas?

Bueno...

¡CLIC!

...todo es posible...

Había muchos cortes de luz.

Para subirle la moral a mi madre, mi padre la llevaba a una especie de quiosco que a veces tenía prensa francesa.

¡AH! ¡TIENE EL "PARIS MATCH"!

¡AAAH!

¡"PARIS MATCH", SÍ, SÍ, IL ÚNICO IN HOMS, OH LÀ LÀ, VIVA FRANCIA!

PARIS MATCH

BARDOT INTIME

¡40 LIBRAS, LA BROMA!

Oooh, me encanta...

La censura tapaba las fotos un poco "descocadas" con rotulador.

BRIGITTE BARDOT

NOS RECIBE EN SU CASA DE SAINT-TROPEZ

SU PERRO ES SU ALEGRÍA

Algunas páginas de política estaban claramente arrancadas.

RONALD REAGAN
GUERRA FRÍA

PA
JUVE

¡Adiós, Francia! Ahi! Ahi! Ahi!

¡No hace falta que leas tanto, que me vas a arruinar! ¡Léetela muy despacio!

Había muchos libreros de viejo. Vendían ediciones muy diversas del Corán

Plástico para protegerlos de la lluvia ↓

Tela para que no toquen el murete

Mi padre rara vez hablaba de las otras comunidades.

Los cristianos, pfff... ¿A qué viene eso de ser cristiano en un país musulmán? Es una provocación...

¿?

Cuando vives en un país musulmán, tienes que hacer como los musulmanes... No es tan difícil... Te conviertes y tan tranquilo...

Pse...

En aquella época, nadie me había explicado qué eran el islam o el cristianismo... Mi padre no rezaba y comía cerdo cuando vivía en Francia.

¿Pasamos por correos? Igual tengo una carta de mamá...

Mi recuerdo de correos ↗

Aseguraba que no era creyente o religioso, pero defendía sin cesar a los sunitas diciendo que eran los únicos que tenían razón.

Nada, lo siento...

¡Quiero mirar!

Pero, como la censura lee todas las cartas del extranjero, a lo mejor el tipo que se ocupa de Francia lleva retraso.

El cartero nos miraba a través del buzón.

Era un lujo tener un buzón postal en la ciudad. En Ter Maaleh no había ni correo ni teléfono.

¡La semana que viene volvemos!

En el autobús de vuelta, mi padre se encontró con un viejo amigo de la infancia.

¡ABU RiAD!

TAMER

Se alegraban de verse, parecía que se querían mucho.

Abu Riad... ¡¡¡Dichosos los ojos!!!

¡Tamer, querido amigo!

Tamer llamaba a mi padre "Abu Riad", que significa "padre de Riad".

¡Y éste es Riad!

Lilili!

Al llegar a la adolescencia, los hombres podían elegir el nombre de su primogénito y hacerse llamar "Abu...". ¡Mi padre había elegido el mío años antes de conocer a mi madre!

Riad! Betaaref awal sourah?

Tamer empezó a hacerme preguntas que yo no entendía.

Yala! Jareb! Jareb tqolha!

¿Qué le está preguntando?

Pfff... Quiere averiguar si se sabe de memoria el primer sura del Corán...

Manak hafezha?

Mani messadak!

Lazem tkoon hafezha aah ghaieb!

Ja, ja

¡SSSSSSS!

¡AAAH!

118

¡SSSSSSS!

AAAH AAAAAAH

¡SSSSSSSSS!

¡AAAH, AAAH, AAAH!

Mi padre imitaba a una serpiente y el tipo se encogía.

ISSSSSSS!

¡JA, JA, JA!

AY, AY, AY

¡SSSS!

Aaaaaah

¡SSSSSS!

Aaaay   Aaaay

JA, JA   JA, JA   JA, JA

Tamer empezó a llorar.

¡Buaaa, buaaa!

Mi padre lo abrazó para consolarlo.

¡JA, JA! ¡Tiene fobia a las serpientes! ¡Le dan tanto miedo que llora! ¡JA, JA!

Cuando éramos pequeños, sus padres lo llevaron a la escuela, eran muy pobres...

Él era buen estudiante, pero ¡un día alguien descubrió que tenía miedo de las serpientes! Y después, todo el mundo las imitaba... Ya no podía vivir...

¡Tuvo que dejar la escuela por eso! ¡JA, JA, JA, JA! ¡QUÉ VERGÜENZA!

Esa misma noche...

Riad, ven aquí, voy a leerte una cosa.

¿?

Mira. Esto es el Corán. Es nuestro libro sagrado, el libro sagrado de los musulmanes.

¿?

Fue el arcángel Gabriel quien se lo dictó al profeta. Voy a leerte el primer sura. Escucha.

Se puso a leer señalándome las frases con el dedo. No tenía la misma cara que de costumbre. Aquello parecía extremadamente importante.

Yo no entendía nada de nada, claro. Pero lo que decía sonaba muy hermoso e hipnotizador.

Entonces, ¿te gusta?

Eh... ¡sí!

¡Pues ahora lee tú! ¡Tienes que aprenderte este texto de memoria!

¡VENGA!

¡LEE!

¡JA, JA, JA, JA, JA!

¡ES BROMA, SI NO SABES LEER!

¡JA, JA!

¡Para leer el Corán, hay que saber leer! ¿No te parece?

¡Claro!

Bien, pues entonces a partir de la semana que viene irás a la escuela.

¡La escuela es obligatoria! Todo el mundo va. Así que tienes que hacer como todo el mundo.

Pero ¡no sé hablar! ¡No entiendo lo que dice la gente!

¡SÍ que lo entiendes!

¡Hablabas muy bien en Libia!

¡Dices eso para no ir a la escuela!

¡CONFIESA!

¡A mí no me parece bien! Todavía es pequeño y...

¡QUE NO, QUE TIENE EDAD DE SOBRA!

Y aquí mando yo.

121

Al día siguiente, fuimos a ver al director.

Aih! Wa akhiran, el ausente mostamer!

Sí, creo ano lazem nsajlo en la escuela halaa.

Yo sólo entendía parte de la conversación.

Bueno, ¿sho te llamas inti?

Eh... No entiendo... Yo...

Olor a sudor

¡SÍ, CLARO QUE LO ENTIENDES!

¡Que no!

Bainto ma hablar árabe... Tiene que hablar shoi... Wa ela rah los demás lo maten.

Se levantó y nos dio dos libros de texto que mi padre recibió como si fueran de oro.

Rjaa'a eshaher el mes que viene wo minshoof.

Aiwa.

...el mes que viene...

¿Qué ha dicho?

Que se alegra de que el mes que viene empieces la escuela.

TILÍN TILÍN TILÍN TILÍN

Como respuesta a la campana, un enorme ruido sordo hizo temblar todo el edificio.

Ma'ha elsalameh, doctor.

BROUUUMMM

¿Has visto? ¡Es majo! Y eso que antes estaba en el ejército, creo.

¡YAAAAAAAA!

¡YAAAAAAAA!

¡Aaaaah, la escuela! ¡Cuánto me gustaba a mí la escuela!

Anas apareció entre la multitud.

¡Anas!

¡Saluda a tu padre de mi parte!

¡Anas tiene tu edad y va a la escuela! Estarás en su clase.

Poco a poco, mi árabe mejoraba, porque pasaba las tardes en casa de Waël y Mohamed cuando no tenían clase.

Su piso era exactamente igual que el nuestro

Sus juguetes eran distintos.

Ey, ¿jugamos a la guerra?

¡VALE!

Los únicos juguetes que tenían los guardaban en una bolsita de plástico.

¿Quién se pide los solda-dos sirios?

¡Yo! ¡Yo!

Yo también.

Los soldados sirios eran de plástico verde, el mismo plástico de los zapatos de mis primos. Tenían posturas de guerreros valientes.

Modelado rudimentario →

← Kalashnikov

Francotirador infiltrado ↓

Oficial de enlace →

Bueno, pues a ti te tocan los judíos.

Vale.

¡Jjjjj!

Los soldados israelíes eran de plástico azul. Tenían poses de malos y actitudes de traidores.

Soldado que se rinde ↘

"Made in China" escrito debajo ↓

Esmerado rostro de reptil ←

← Puñal

vista delantera

vista trasera

Soldado muerto empalado ↓

Era difícil jugar con aquellos soldados. No estaban articulados y, como sus actitudes ya estaban definidas, no conseguía que hicieran gran cosa.

¿¡?

Venga, vamos a hacer una emboscada...

Vale.

Oiga, comandante, estoy viendo a un judío justo delante de mí.

Yo también lo veo...

¡ARRIBA LAS MANOS, JUDÍO!

¡Está agitando la bandera blanca, se rinde, ja, ja!

¿?

¡Cuidado! ¡Se rinde, pero tiene un cuchillo a la espalda!

Más vale ejecutarlo.

Sí.

Cortémosle la cabeza.

Buena idea.

Mi primo se ensañó con la cabeza del juguete y la arrancó.

¡Victoria! ¡Dios es grande!

¡Ja, ja!

PERO ¿QUÉ ESTÁS HACIENDO CON ESE CUCHILLO?

¡Estaba cortándole la cabeza al judío, tengo derecho!

¿QUÉ?

¡SÍ! ¡LO QUE HAS OÍDO!

¡¡¡VEN AQUÍ, QUE TE VOY A ENSEÑAR YO A ROMPER LOS JUGUETES QUE TE COMPRAMOS!!!

¡VOY A DECÍRSELO A TU PADRE!

¡ME DA IGUAL!

Se la va a cargar.

¡UF! ¡UF! Me va ¡UF! a ¡UF! matar ¡UF!

¡YA!

AYYY

Al llegar la noche, todo el mundo se calmaba.

Los niños se ponían contra la pared y esperaban a que llegara su padre

El padre de Waël y Mohamed era uno de los hijos de Hadj Mohamed. Era profesor de matemáticas en el instituto del pueblo de al lado.

¿Y las notas?

Un 10.

Bien.

Un 10.

Bien.

¡Yo no tengo notas!

Bien. Mmm.

Un 10.

Él y mi padre (que era su tío) se querían mucho: eran los únicos de la familia que habían estudiado.

¡Aaaah! Gracias.

Sólo salíamos para ir al tejado o delante del porche. No nos dejaban alejarnos.

Haces dos triángulos invertidos.

El primero...

¿?

...y el segundo.

¡Es la estrella de los judíos! ¡PUAJJ!

¡Si ves un avión con este símbolo, dispárale!

La nuestra, nuestra estrella, es así, y hay dos.

Espera, borra la de los judíos cuando dibujes la nuestra.

¡Uuh! ¡Lo haces muy bien!

¡Fatal! ¡GGJJ!

Secretamente deslumbrado por el concepto de los triángulos

Había comportamientos supersticiosos que debían respetarse.

Mira siempre al suelo, por si ves un pedazo de pan.

Erozo de pan duro

Si ves uno, tienes que recogerlo y hacer así.

Mua

Después, lo colocas en un murete o una piedra, para que no esté en contacto con el suelo.

El pan no debe tocar a Satanás.

Si ves un zapato con la suela boca arriba... tienes que hacer así.

La suela de los zapatos toca el suelo y toda la suciedad.

¡No debes presentársela a Dios! Tienes que volverla hacia el suelo, hacia Satanás.

¡Eso vale también para tus zapatos!

¡Entendido!

Vigílalos.

¡Ah, por cierto! ¡En mi clase eres famoso!

¿Ah, sí?

Sí. ¡Cuando el maestro pasa lista, dice tu nombre y tú nunca estás!

¡Los alumnos creen que siempre haces pellas!

¡Te has convertido en su ídolo!

Hasta que el maestro dijo: "¡Cuando aparezca ese Sattouf, voy a romperle el bastón en la cabeza!"

¿EH?

¡JA, JA, JA, JA!

JA, JA, JA, JA, JA

Mohamed y Waël me enseñaron los insultos sirios básicos.

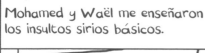

"¡HIJO DE PERRO!" Está bien, hijo de perro.

¡HIJO DE PERRO!

Puedes decirlo para todo.

Si no, tienes "LÁMEME EL CULO".

Quiere decir "NO". Cuando un hijo de perro te pide algo, tú puedes responderle eso.

¡LÁMEME EL CULO!

Algo que puedes usar siempre y para insultar a quien sea es "¡¡¡ME FOLLO A TU MADRE!!!".

ME FOLLO A TU MADREEEE.

Los insultos eran más graves cuando atacaban al padre.

"MALDITO SEA TU PADRE." Ándate con ojo cuando utilices éste.

Es peligroso.

Estate muy seguro de que eres capaz de partirle la jeta al tío al que se lo dices. Porque, en cuanto le digas "MALDITO SEA TU PADRE", querrá pelea.

¡MALDITO SEA TU PADRE!

Hay... hay que tener cuidado cuando dices eso... Sniif...

Ejem.

Además, los insultos podían amplificarse remontándose a otras generaciones.

"Maldito sea el padre de la madre de tu padre."

¡Uuuh! ¡Decir eso es muy fuerte!

¡Me follo al padre de la madre de la madre de tu padre!

¡Uuuh! ¡Tranquilito!

Voy a decirte cuál es el peor insulto, ¿vale?

Sí, incluso enseñártelo es grave, porque voy a tener que decirlo.

Pero no hay que decirlo nunca.

Bueno, te lo digo al oído.

"Maldito... sea... tu... Dios..."

Evidentemente, este insulto no puedes decírselo a un musulmán.

Sólo puedes decírselo a un cristiano o a un judío al que tengas previsto matar.

Mira, ahí van Anas y Moktar.

¿Qué coño haces aquí, sucio judío? ¡Me follo al padre de la madre de tu madre!

¡Me follo a tu Dios, sucio perro judío!

¡No hables con los musulmanes, sucio judío!

¡Ve a acostarte con tu madre!

Anas y Moktar eran más pequeños que Mohamed y Waël, pero estos últimos no podían defenderme porque Anas y Moktar eran sus tíos.

¿Y vosotros qué hacéis por ahí con un judío?

¡GRRR!

¡AHHH!

¡!

¡RIAD!

¡NO HAY QUE PEGAR A LA FAMILIA!

PAF

Le explicó que Anas había maldecido al Dios del padre de mi madre.

¡Tal vez, pero tú no tienes que contestar! ¡Nunca!

Hay que AMAR a la familia, amarla más que a uno mismo.

¡Como vuelva a verte alguna vez atacándolos, te vas a enterar!

¿Y si son ellos los que me atacan?

¡Bueno, pues tú te vas! ¡No les sigas el juego!

¡Sois familia!

Unos días más tarde...

¿Qué coño haces en nuestro tejado, sucio judío?

¡Hola, tíos!

¡Con ese pelo amarillo de hijo de judía!

¡Nos habéis robado el edificio! ¡Me follo al padre del padre de la puta de tu madre!

¡Largo, vuélvete a Israel!

¡Para! Somos... ¡Somos de la misma familia, mi padre dice que no hay que pegarse!

Entonces sucedió algo extraño. Yo quería contestar, pero me puse a temblar y a reír.

¡JA, JA, JA!

Quería desobedecer a mi padre y cascarlos, pero estaba como paralizado.

JA, JA, JA

¡Cuando vengas al colegio, mis amigos y yo te mataremos!

¡Me follo a la hermana del padre de la madre de tu madre!

BUAAAA

El viernes por la noche, el telediario retransmitía fragmentos de la oración del presidente, que había tenido lugar por la mañana.

Hafez el Asad salía en calcetines, seguido por una multitud de hombres también en calcetines.

Miraba a su alrededor de reojo, desconfiado. Habían quitado el sonido y sólo se oía un fragmento salmodiado de un sura del Corán.

El presidente dictaba el movimiento de la oración. Unía las manos y la multitud hacía lo mismo.

Se arrodillaba el primero...

...y nadie se levantaba antes que él.

¿Sabes quién es? Es el presidente El Asad.

MUY FUERTE.

¿Es fuerte?

¡Y muy listo!

Bueno, es alauita, no es un auténtico musulmán, pero no por eso...

Es de origen humilde... En su época, los alauitas vivían como animales salvajes en las montañas.

Había familias que eran tan pobres que vendían a sus hijos como esclavos a los sunitas.

Y los sunitas, bueno, los hacían trabajar como animales.

¿Te das cuenta? ¡Imagínate que te vendo a cambio de un Mercedes, por ejemplo!

Pero Hafez el Asad sí que pudo ir a la escuela, y como era buenísimo en matemáticas (se nota, tiene una buena frente), acabó siendo piloto de caza.

A fuerza de trabajo, de voluntad, pudo dar un golpe de Estado y convertirse en presidente.

Aprovechó su oportunidad.

Dio todos los puestos importantes a los alauitas, ¡y ahora somos nosotros sus esclavos!

Yo no entendía gran cosa de lo que me contaba, pero me fascinaba verlo acostado.

Se enderezaba la cabeza con los brazos.

Yo no comprendía cómo un ser humano podía mantener esa postura.

La cabeza más pesada del universo

Ahora, las noticias internacionales...

La Unión de Repúblicas Socialistas Soviéticas, a través de su ministro de Defensa, ha reiterado su amistad y su apoyo a la República Árabe Siria...

...durante una reunión con Hafez el Asad, nuestro presidente eterno. Enseguida veremos las imágenes.

Empezaron a sonar "Las cuatro estaciones", de Vivaldi.

No se oía ningún sonido ni ningún comentario.

El ruso parecía escuchar la lección

Mi padre miraba aquello mascullando.

¿Qué es "judío", papá?

¿Cómo que qué es judío?

Son los enemigos de los sirios. Están ocupando Palestina.

Es la peor raza que hay. Los judíos y los americanos, que son sus grandes amigos, claro...

¿Por qué le dices eso? Qué tontería...

¡Aaah! ¡Mira! ¡A tu madre le gustan los judíos! ¡Cuando la conocí, tenía todos los discos de Enrico Macias!

¡No digas que no, creías que me parecía a él!

Pfff...

JA, JA

¿SÍ o NO?

Anas y Moktar dicen... dicen que mamá y yo somos judíos.

¡Como no hablas árabe, debes de haberlo entendido mal!

Para que fuera aprendiendo a ser autónomo, mi padre me mandaba a llevarle comida a mi abuela.

Tenía que cruzar la calle solo...

NiiiiiiiiNNiNiNíN

...y evitar a Anas y Moktar.

¡Lárgate, hijo de judía! ¡No entres en nuestra casa!

¡Vengo a traerle manzanas a la abuela!

¡HIJO DE PERRO, MALDITO SEA TU PADRE!

¡LÁRGATE, JUDÍO, O TE DOY LA PALIZA DE TU VIDA!

A menudo me salvaba uno de sus hermanos mayores, que se pasaba todo el día durmiendo en una habitación cerca de la entrada.

¡EH! ¿OS QUERÉIS CALLAR? ¡DEJAD QUE PASE!

TOC TOC

¿Síííí? ¿Quién eeeees? ¡Ah, Riad! ¡Entra, pequeñín, entra!

¡Ven, ven a ver a tu abuela!

Beso
superbaboso

¡Toma, abuela! ¡Son manzanas que hemos traído de Homs!

Ooooh, ¿son para mí?

¡Abuela! ¿Por qué le hablas a ese ladrón?

Nos han robado la casa grande... Él es un judío, su madre es judía...

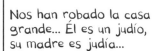

Ahé! Ahé!

¡Mirad! ¡Riad os ha traído fruta!

Mirándome fijamente, mordisquearon a conciencia todas las manzanas...

ÑAC

ÑAC
ÑAC

...y las fueron tirando una a una en la alfombra.

ÑAC

Mi abuela se reía y les hacía mimos. A mí me daba vueltas la cabeza; me marché.

Ahé! Ahé!

ÑAC
ÑAC

Unos días más tarde, me desperté en plena noche, al lado de mi madre.

Miraba a mi hermano con aspecto extraño. Habían cortado la luz.

Decidí llamarla.

Desperté de la pesadilla dando un respingo. En la oscuridad, una silueta se movía.

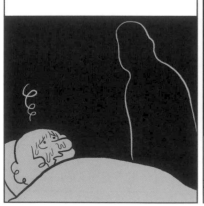

¡Abre la boca! ¡Abre la boca!

¡¿?!!

¡Hora de tomarse el antibiótico!

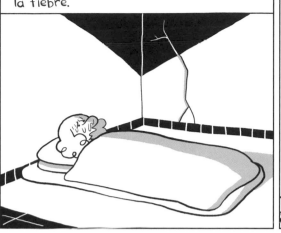

Estaba muy enfermo, no me bajaba la fiebre.

He ido a seis farmacias, no les queda nada, no hay más antibióticos en Homs...

Hasta he pasado por una tienda donde se paga en dólares... Pero estaba cerrada.

Mañana iré a ver en Damasco...

Mmmm

¡Cof, cof!

No... quiero... ir... a la... escuela. Anas... me va... a matar...

¡Me aprovechaba!

¡La fiebre lo hace delirar!

¡En este pueblo hay un montón de niños que están enfermos y que no tienen antibióticos!

¡Y AUN ASÍ VAN A LA ESCUELA!

Al día siguiente, en cuanto mi padre se marchó, traté de darle lástima a mi madre.

¡Waël me ha dicho que el maestro quiere romperme el bastón en la cabeza!

¡Pórtate bien y no pasará nada! Nadie te romperá ningún bastón en la cabeza.

Harás un montón de amigos...

Toma, te dejo aquí a tu hermano, ahora vuelvo.

Mi hermano crecía sano. Gateaba por todas partes. Se metía en la boca todo lo que se encontraba.

Gñiii

UF UFF

¡Eh! ¡Vuelve aquí!

Guguuu

¡No se comen los Legos del suelo!

¡Son míos!

¡UFFF!

¡Mira! ¡Ven a ver! ¡Unos niños han encontrado un cachorro, es muy gracioso!

En el pueblo, nadie tenía perro en casa.

En la tradición musulmana, el perro está considerado un animal impuro.

¡GUAU!

Los que oíamos por la noche eran perros callejeros, que siempre se mantenían alejados de los hombres.

Lililili!

A aquel cachorro debía de haberlo abandonado su jauría.

¡Ayyyy!

JA, JA

¡GUAU!

¿Qué están haciendo?

Luego jugaron al fútbol con él.

No le daban demasiado fuerte.

Anas y Moktar estaban allí. Se divertían mucho, pero se mantenían a cierta distancia.

Algunos chicos parecían insultar a algo invisible. Adoptaban poses orgullosas y varoniles.

¡Mpffff!

¡Maldito sea tu padreeeee!

Hablaban solos →

Moktar le tiró una piedra al animal...

Uuu

Zas

Apuntaba superbién

...y luego un chico un poco mayor que los demás llegó con una horca y se la clavó al perro.

CHAS

¡Qué bandera tan bonita tengo! ¡JA, JA, JA!

JA, JA

GRRRR

¡LO VAN A MATAR, HAY QUE AYUDARLO!

Mi madre bajó a la calle y la vi tratando de agarrar la horca.

Después llegó un tipo viejo, le dio un palazo al cachorro y su cabeza salió volando.

TONG

¡Ggññ!

Dos mujeres se dirigieron hacia mi madre, a quien le había dado un ataque de nervios.

Ji, ji

Intentaban calmarla

Todo el mundo se reía. Intenté bajar para hacer algo, pero me sentía demasiado débil por la fiebre.

Mi hermano gateaba por las baldosas de la entrada.

¡Eh! ¿Qué estás haciendo?

¡Había encontrado un nido de cucarachas y se estaba tragando todos los huevos!

¿Gñiii?

Había huevos por los rincones

¡ÑAM!

¡Come! ¡Cómete todos los huevos de las cucarachas, están buenos!

Ñam ñam

Después de aquel incidente, ya no volvieron a dejarme salir de casa.

La felicidad absoluta

Aquel cachorro no había muerto en vano.

Los críos mataron a un perro, sin piedad. ¡Y ENCIMA SE REÍAN!

No irá a la escuela con ellos, es demasiado pequeño. ¡No hay más que hablar!

PERO ¡SON NIÑOS! ¡TODOS LOS NIÑOS LO HACEN! ¡PFFF! ¡Y TODO ESTO POR UN PERRO!

GLUP

Has conseguido convencer a tu madre, pero no lo olvides: ¡no eres francés, eres sirio! ¡Y en Siria, los chicos tienen que apoyar al padre!

¿Y si me enseñaras a leer y a escribir tú?

No. ¡Será mejor que vayas a jugar con tus hombrecillos de plástico desnudos y a dibujar!

Luego, un día, mi madre me despertó en plena noche.

¡Vamos! ¡Ha llegado el día! ¡Volvemos a Francia!

¿Eh?

¡Pues claro! ¡Venga, coge unos juguetes y prepara la mochila!

¡Anas y Moktar no iban a matarme! ¡Estaba salvado!

Capítulo 4

Syrian Arab Airlines nos llevó de vuelta a Francia.

¡Hola! ¡Bienvenidos! ¡Pasen!

Era el capitán el que recibía a la gente

¡Hola, guapo!

Majo, pero sin dientes

Las azafatas eran desagradables y nunca sonreían.

Sudor

El avión era un Boeing 747 que disponía de dos clases. *La* primera, en el primer piso, estaba ocupada por sirios ricos.

Yo nunca había visto sirios así

Todos querían pasar los primeros.

Verídico

¡SOY MUY RICO, APÁRTENSE!

¡Me follo a tu madre!

¡Ve, cariñito, pasa delante de él!

Hijo de perro, ¿sabes quién soy yo?

Láme-me el culo.

En segunda clase, donde estábamos nosotros, se podía fumar.

Yo iba sentado en una fila distinta de la de mis padres.

Me tocó al lado de un alemán.

Los pilotos de Syrian Airlines eran antiguos pilotos militares.

BRRRRRR

Despegaban en vertical...

FIIIUUUU

...y en dos segundos volvían a ponerse rectos.

BR SCHEISSE PR

El alemán me echaba unas miradas un poco raras mientras sonreía.

Fumaba un cigarro...

...y se tiraba unos pedos fétidos horribles.

PPRTTFFFFF

MH

PRTTT

¿Eres alemán?

En árabe perfecto ¿Eh?

No, sirio.

Mmm, pues con esa melena rubia te ves más dulce que un caramelo...

¿Viajas solo?

PFRRRT

NAH

Creía que yo era demasiado pequeño para darme cuenta de que él era el que se tiraba los pedos.

PFEEEEEE

MH MMH

Unas horas más tarde, el avión tomaba tierra (un poco antes de que empezase la pista) en París...

...rebotaba...

...y aterrizaba del todo.

Fiuuuuuuuuuuuuuu
TIN TIN TIN TIN TIN

¡AH!

¡YUJUUUUUUU!

¡DIOS ES GRANDE!

¡DIOS ES GRANDEEEEEE!

¡BUEN TRABAJO, PILOTO!

¡DIOS ES GRANDE!

YUJUUUUU

¡DIOS ES GRANDE!

YUJUUUUUU

CLAP CLAP CLAP CLAP CLAP

Al alemán le dolían terriblemente los oídos, pues el avión había bajado demasiado deprisa.

Ayyyyyy... Jjjj Jjjj

¡Venga! ¡Salimos!

¡AHH!

¡CROC!

¡Le pisé en todos los huevos! Debió de pensar que no lo había hecho aposta.

¡Ja, ja, hijo de perro!

Esta vez fue mi abuela la que vino a buscarnos al aeropuerto.

El aire francés me irritaba la nariz

Había vuelto a casarse, con un hombre que se parecía a un actor americano.

Encantado, jovencito: yo soy Charles, como el príncipe.

Primer apretón de manos de mi vida

Pero, si hablamos de abuelos... prefiero que me llamen "abu".

Labass? Kif saha?

Hablo un poquitín de árabe, viví en Marruecos, ¿conoces Marruecos? Me han dicho que hablas árabe.

Pero creo que no es el mismo árabe que el marroquí, ¿verdad?

¿Cómo se dice "qué tal" en el tuyo?

¿Eh?

¡Bah, venga, responde! ¡Dile algo, habla árabe!

Tranquilo, déjalo...

Pero ¡mira que es ESTÚPIDO!

Nooo...

En árabe hay muchos sonidos que no existen en francés. A mí me parecía que algunos de esos sonidos recordaban al ruido del vómito... Así que me daba vergüenza hablar árabe delante de desconocidos.

Es tímido...

Volvimos a vivir en casa de mi abuela.

Dormíamos todos en la misma habitación.

HiC... HiC...

Era verano, íbamos a la playa. Y allí mi padre se encontraba con conocidos.

Hola, Abdel, ¿qué tal? Cuánto tiempo, ¿dónde te habías metido? ¿Estabas en el trullo?

Ja, ja

JA, JA

Bretón alto y musculoso

Se acoplaba a sus partidos de vóley...

¡Eh, que voy a sacar!

¡JA, JA, JA, cuidadito, escondeos!

...convencido de que era superbueno.

Saco de nuevo. Estoy seguro de que voy a anotar el punto...

Espera, deja... Tenemos que jugar...

FiuUU

Al cabo de un rato, como ya nadie le pasaba la pelota, se alejaba del campo como si nada.

Sniiif

Lela, la anciana que vivía como en la Edad Media, había muerto. Su casa estaba abandonada.

¡Ven, vamos a ver la casa de la bruja!

Pero ¡si me dio galletas, era buena!

¿CÓMO? ¡ESPERO QUE NO TE LAS COMIERAS!

¡DIME LA VERDAD!

Pues...

No, no, no me las comí...

¡Uf! Porque las brujas siempre ofrecen cosas de comer, para embrujar y hechizar...

Después tienes mala suerte... Te pasan desgracias...

Así que nunca aceptes comida de desconocidos, menos aún si son mujeres.

¿Sabes por qué? Porque a Satanás le gusta esconderse detrás de las mujeres.

Así le es más fácil engañar a los hombres.

A Charles le interesaba un poco la política.

Y tú, Abdel, ¿qué piensas de Gadafi, de El Asad? ¿Dirías que son dictadores o no?

¡Claro que son dictadores! ¡No soy idiota! Pero con los árabes es diferente...

Hay que ser duro con ellos. Hay que obligarlos a que se eduquen, a que vayan a la escuela... Si les pides opinión, no harán nada: son unos gandules y unos santurrones, aunque tienen el mismo potencial que los demás...

Yo soy el único de mi familia que sabe leer y escribir... Cuando era pequeño, la escuela no era obligatoria...

Gudafi no está loco: obliga a los árabes a cambiar.

Cuando los árabes estén educados, ellos solos se librarán de los viejos dictadores...

¿Y quiénes ocuparán su lugar? ¿Jóvenes dictadores?

¡Cuando te conocí soñabas con dar un golpe de Estado!

¡JA, JA! ¡Cuando era joven daban golpes de Estado todas las semanas! ¡Es normal que soñara con eso!

Con aprovechar las oportunidades, tomar una decisión que cambie tu vida y la de toda la sociedad... Ser el que aguanta el tipo...

Yo estoy a favor de la libertad, pero... Los pueblos tienen que poder elegir... Los occidentales quieren que el mundo entero siga su ejemplo... tan sólo porque son los más fuertes...

Pero eso es sólo temporal...

Un día, daré un golpe de Estado... y fusilaré a todo el mundo.

Ji, ji.

Hubo una enorme tormenta durante el viaje y todos los pasajeros se pusieron malos, salvo mi padre.

Yo nunca me he mareado...

¡Puaj!

¡...eso es porque estoy hecho para surcar los océanos!

Por los dos años que mi padre estuvo trabajando en Libia le ingresaron 80.000 dólares en una cuenta domiciliada en Jersey, una de las pequeñas islas Anglonormandas.

Comimos tres perritos calientes que estaban malísimos...

TOBACCONIST

CLEVER

SALE

...y luego él nos pidió que lo esperáramos una hora.

EY BANK

Caminamos sin rumbo por Saint-Hélier. Los cuerpos de la gente eran extraños.

Los pechos de las mujeres estaban muy caídos

CONTINUARÁ...

Riad Sattouf 2014

Riad Sattouf (París, 1978) ha publicado *Pascal Brutal* (Norma, 2009), que obtuvo el Fauve d'Or en Angulema 2010, y *Manual del pajillero* (La Cúpula, 2010). Entre 2004 y 2014 colaboró con *Charlie Hebdo* con la tira *La vida secreta de los jóvenes* (La Cúpula, 2014). También ha colaborado con *Télérama* y, actualmente, con *Le Nouvel Observateur*. Asimismo, ha dirigido dos largometrajes, *Les beaux gosses* (2009), que ganó el Premio César a la mejor ópera prima de ese año, y *Jacky au royaume des filles* (2014), para el que también compuso la banda sonora. Con el Fauve d'Or 2015, otorgado a *El árabe del futuro*, Riad Sattouf se ha consagrado definitivamente como uno de los grandes autores de novela gráfica francesa.

GRACIAS a Émile Bravo

Título original: *L'arabe du futur. Une jeunesse au Moyen-Orient (1978-1984)*

Copyright © Allary Éditions
Publicado por primera vez por Allary Éditions en 2014
Publicado por acuerdo con 2 Seas Literary Agency y SalmaiaLit
Copyright de la edición en castellano © Ediciones Salamandra, 2015

Traducción del francés de
Pablo Moíño Sánchez

Texto en árabe: Rami Sattouf
Concepción gráfica: Riad Sattouf y Julien Magnani
Maquetación y rotulación: La Salita Gráfica
Adaptación de fuente original: Fernando Fuentes

Publicaciones y Ediciones Salamandra, S.A.
Almogàvers 56, 7º 2º - 08018 Barcelona - Tel. 93 215 11 99
www.salamandra.info

ISBN: 978-84-16131-12-9
Depósito legal: B-2.767-2015

1ª edición, marzo de 2015
2ª edición, abril de 2015
Printed in Spain

Impresión: Liberdúplex, S.L. Sant Llorenç D´Hortons